Persönlichkeit
Auf der Suche nach unserer Individualität

 **Christian Montag** ist Professor für Molekulare Psychologie an der Universität Ulm. Er ist Autor/Co-Autor von zahlreichen Fachartikeln inkl. vieler Arbeiten über die (biologischen) Grundlagen der menschlichen Persönlichkeit. Zusätzlich ist er (Co-)Herausgeber der internationalen Buchreihe *Studies in Neuroscience, Psychology and Behavioral Economics*.

Christian Montag

Persönlichkeit – Auf der Suche nach unserer Individualität

Christian Montag
Institut für Psychologie und
Pädagogik
Universität Ulm
Ulm
Deutschland

ISBN 978-3-662-48894-2   ISBN 978-3-662-48895-9 (eBook)
DOI 10.1007/978-3-662-48895-9

Die Deutsche Nationalbibliothek verzeichnet diese Publikation in der Deutschen Nationalbibliografie; detaillierte bibliografische Daten sind im Internet über http://dnb.d-nb.de abrufbar.

Springer
© Springer-Verlag Berlin Heidelberg 2016
Das Werk einschließlich aller seiner Teile ist urheberrechtlich geschützt. Jede Verwertung, die nicht ausdrücklich vom Urheberrechtsgesetz zugelassen ist, bedarf der vorherigen Zustimmung des Verlags. Das gilt insbesondere für Vervielfältigungen, Bearbeitungen, Übersetzungen, Mikroverfilmungen und die Einspeicherung und Verarbeitung in elektronischen Systemen.
Die Wiedergabe von Gebrauchsnamen, Handelsnamen, Warenbezeichnungen usw. in diesem Werk berechtigt auch ohne besondere Kennzeichnung nicht zu der Annahme, dass solche Namen im Sinne der Warenzeichen- und Markenschutz-Gesetzgebung als frei zu betrachten wären und daher von jedermann benutzt werden dürften.
Der Verlag, die Autoren und die Herausgeber gehen davon aus, dass die Angaben und Informationen in diesem Werk zum Zeitpunkt der Veröffentlichung vollständig und korrekt sind. Weder der Verlag noch die Autoren oder die Herausgeber übernehmen, ausdrücklich oder implizit, Gewähr für den Inhalt des Werkes, etwaige Fehler oder Äußerungen.

Planung: Marion Krämer
Einbandabbildung: iStockphoto/Pazhyna

Gedruckt auf säurefreiem und chlorfrei gebleichtem Papier

Springer Berlin Heidelberg ist Teil der Fachverlagsgruppe Springer Science+Business Media
(www.springer.com)

Same brain, same personality!?

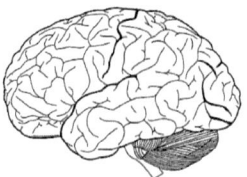

Vorwort

In jedem von uns steckt ein Psychologe. Im Alltag beobachten wir unsere Kollegen, Geschäftspartner, unsere engen Freunde, Familienangehörige und natürlich auch uns selbst. Dies geschieht nicht immer bewusst, sondern oftmals automatisch und damit sehr häufig auch unterbewusst. Wir versuchen durch unsere Beobachtungen zu verstehen, warum unser bester Freund vertrauensselig ist und gerne zu Hause alleine Bücher liest, während man selbst gerne Partys feiert und laut Musik hört.

Dieses kleine Buch versucht den aktuellen Stand der Forschung über unsere Persönlichkeit zusammenzutragen. Dabei werden Antworten auf unterschiedliche Fragen gegeben. Dazu gehören: Was ist Persönlichkeit? Welche Persönlichkeitseigenschaften können wir zuverlässig beobachten? Stehen Persönlichkeitseigenschaften im Zusammenhang mit einem langen Leben? Ist Persönlichkeit stabil oder veränderbar? Kann ich mich selber ändern? Welche Rolle spielen Genetik und Umwelt? Können wir anhand genetischer Profile und von Hirnbildern ablesen, welche Persönlichkeitsstruktur ein Mensch besitzt? Welche Botenstoffe in unserem Körper beeinflussen unsere Persönlichkeit? Ist der Mensch gut oder böse? Haben Tiere eine

Persönlichkeit? Warum gibt es Unterschiede in der Persönlichkeit? Und in welchem Zusammenhang stehen Persönlichkeitseigenschaften mit Berufserfolg oder der Anfälligkeit für psychische Erkrankungen? Abschließend und aus aktuellem Anlass – nach der noch nicht lange zurückliegenden NSA-Affäre – stelle ich die Frage: Lassen sich aus unseren Datenspuren im Internet Vorhersagen darüber machen, wer wir sind? Vorneweg: Ich verspreche nicht, dass Sie auf alle genannten Fragen abschließende Antworten finden. Sie können mich aber auf dem Weg begleiten, den Wissenschaftler gehen, um den Antworten auf diese spannenden Fragen näher zu kommen.

Dieses Buch ist kein Ratgeber. Es gibt vielmehr einen Überblick über die aktuelle Grundlagenforschung in der Persönlichkeitspsychologie und bringt so ein wenig Licht in die Frage, warum Menschen sich voneinander unterscheiden. Ein wesentliches Ziel des vorliegenden Buches ist es herauszuarbeiten, dass „Persönlichkeit" ein wichtiges – und meines Erachtens nach wie vor zu wenig erforschtes – Wissenschaftsfeld darstellt. Trotzdem werden Sie beim Lesen schnell feststellen, dass viele Forscher rund um den Globus bereits große Anstrengungen unternommen haben, um sich den Quellen unserer Individualität zu nähern.

Viel Spaß auf der Reise!

Inhalt

1. Warum ein Buch über Persönlichkeit? 1
2. Was ist Persönlichkeit? 7
3. Welche und wie viele Persönlichkeitseigenschaften können wir zuverlässig beobachten? 15
4. Wie alt werde ich? Hat ein langes Leben etwas mit Persönlichkeit zu tun? 27
5. Entscheiden im finanziellen Bereich – wer wettet gerne, wer kann Verzicht üben? 33
6. Was treibt den Menschen an? Interindividuelle Differenzen in Motiven 41
7. Unterscheiden sich Männer und Frauen in Persönlichkeitseigenschaften? 47
8. Ist Persönlichkeit „in Stein gemeißelt" oder veränderbar? 55
9. Welche Rolle spielen Genetik und Umwelt für die Persönlichkeit? 65

X Persönlichkeit

10 Lassen sich auf der DNA genetische Variationen identifizieren, die mit Unterschieden in Persönlichkeitseigenschaften in Zusammenhang stehen? 71

11 Ermöglichen genetische Daten Vorhersagen in Bezug auf die Persönlichkeit einzelner Personen? 81

12 Ist es möglich, anhand von Hirnscans darauf zu schließen, wie die Persönlichkeit einer Person aussieht? 85

13 Welche Botenstoffe in unserem Gehirn beeinflussen unsere Persönlichkeit? 93

14 Was ist der evolutionär älteste Teil der menschlichen Persönlichkeit? 105

15 Ist der Mensch gut oder böse? 115

16 Warum gibt es Unterschiede in Persönlichkeitseigenschaften? 123

17 Haben Tiere eine Persönlichkeit? 129

18 Wer bekommt beim Hören von Musik eine Gänsehaut? 133

19 Lässt sich aus unseren Datenspuren im Internet ablesen, wer wir sind? 137

20 Wer hat seinen Technologiegebrauch nicht im Griff? 143

**21 Persönlichkeit: ein übergreifendes
(biopsychologisches) Modell** 147

Nachwort 151

Literatur 153

1
Warum ein Buch über Persönlichkeit?

Für mich gibt es einige Fragen, die uns Menschen seit Jahrhunderten und noch viel länger umtreiben. Es handelt sich zum einen um die großen Fragen „Wo kommen wir her?" und „Wie ist das Leben und damit auch der Mensch entstanden?". Im Wesentlichen werden diese Fragen mit Methoden der Astrophysik sowie der Biologie wissenschaftlich beantwortet.

Im Bereich der Biologie hat sich vor allem Charles Darwin hervorgetan. Sein Werk *Die Abstammung des Menschen* – 1871 in der viktorianischen Zeit erschienen – ist die wahrscheinlich wichtigste Arbeit, wenn es darum geht zu erklären, wie es zur Menschwerdung gekommen ist. Darwin schuf in seinen Arbeiten die Evolutionstheorie, die nach wie vor das beste Modell darstellt, um die Entwicklung zum Menschen zu erklären. Offenkundig haben wir mit unseren nächsten Verwandten aus dem Tierreich, den Schimpansen, einen gemeinsamen Urvater. Dies ist sehr gut durch archäologische Artefakte wie Knochenfunde belegt. Die Evolutionstheorie von Darwin ist später in diesem Buch (vgl. Kap. 16) noch von Bedeutung, wenn es zu erklären gilt, warum überhaupt (noch) Unterschiede in Persönlichkeitseigenschaften zu beobachten sind.

Damit sind wir auch schon bei dem eigentlichen Fragekomplex für dieses Buch angekommen. Es geht um die interessante Frage: „Warum bin ich so, wie ich bin?" Diese Frage zielt im Kern auf unsere Individualität und damit auf unsere Persönlichkeit ab. Die Beschäftigung mit dem Thema „Persönlichkeit" ist nicht nur purer Neugierde oder Wissensdurst geschuldet, das Thema spielt vielmehr auch eine große Rolle, wenn es zum einen um die Erforschung unseres emotionalen Wohlergehens geht, zum anderen aber auch, wenn wir Erfolg im Leben wie z. B. im Beruf vorhersagen möchten.

Die Erforschung der menschlichen Persönlichkeit hat übrigens schon eine sehr lange Geschichte; viele Generationen von Wissenschaftlern haben sich damit beschäftigt. Lange vor dem Entstehen der modernen Psychologie wurde u. a. im alten Griechenland von Hippokratikern die menschliche Persönlichkeit untersucht (Bujalkova et al. 2001).[1] Der antike griechische Arzt Hippokrates (ungefähr um 460–370 v. Chr.) und seine Nachfolger hatten die Idee der sogenannten Vier-Säfte-Lehre. Sie waren der Auffassung, die Untersuchung von körperlichen Flüssigkeiten könne über die Persönlichkeitsstruktur Aufschluss geben. Eine große Menge an schwarzer Galle war für die Hippokratiker beispielsweise ein Zeichen für eine melancholische Persönlichkeitsstruktur. Der Begriff Melancholie steht für Schwermütigkeit beim Menschen. Auch die anderen Begriffe im Modell der Hippokratiker haben starken Einfluss

---

[1] Damit Sie die Möglichkeit haben, die einzelnen Studien auch im Original zu finden, sind im Fließtext immer der Name des Erstautor gefolgt von „et al." (und weitere/andere) sowie das Jahr, in dem eine Studie erschienen ist, genannt. Im Anhang (Literaturverzeichnis) sind die Studien alphabetisch nach den Nachnamen der Erstautoren sortiert.

auf die Persönlichkeitspsychologie genommen und werden manchmal noch im Alltag verwendet. So spricht man vom Sanguiniker (ein heiterer, lebenslustiger Mensch), Choleriker (leicht erregbar und zornig) und vom Phlegmatiker (langsam, antriebsarm). Insgesamt hat die Vier-Säfte-Lehre in ihrer inhaltlichen Ausgestaltung vor allem historischen Wert, der Grundgedanke entspricht aber durchaus einer modernen Auffassung von Persönlichkeit: Der Forschungsansatz, Körperflüssigkeiten mit Persönlichkeitseigenschaften in Zusammenhang zu bringen, lässt sich auch in aktuellen Forschungsbemühungen wiederfinden (siehe später Kap. 13 zu Botenstoffen im Gehirn und Persönlichkeit). Zusätzlich ist der später postulierte Gedanke der *Homöostase* weiterhin sehr aktuell. Hiermit wird beschrieben, dass die unterschiedlichen Körperflüssigkeiten bei gesunden Menschen in einem ausgewogenen Verhältnis zueinander stehen. Ein Abweichen von der Norm ist mit pathologischen Prozessen assoziiert. Das Modell der Vier-Säfte-Lehre ist in Abb. 1.1 dargestellt.

Neben der menschlichen Neugierde gibt es zahlreiche weitere Gründe dafür, Persönlichkeitseigenschaften besser zu verstehen. Zum einen stellen bestimmte Persönlichkeitseigenschaften wie z. B. Neurotizismus (zu diesem Begriff mehr in Kap. 3) Risikofaktoren dar, an affektiven Erkrankungen wie einer Depression zu leiden (Lahey 2009). Mittlerweile ist klar, dass es ein Set von Genen gibt, welches sowohl Einfluss darauf hat, ob jemand die Persönlichkeitseigenschaft Neurotizismus entwickelt, wie auch darauf, ob er/sie unter der Krankheit Depression leidet (vgl. z. B. Jardine et al. 1984). Das heißt, eine Entschlüsselung der menschlichen Persönlichkeit spielt eine große Rolle, um

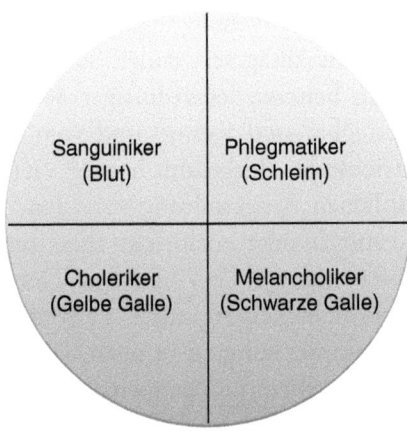

Abb. 1.1 Vier-Säfte-Lehre der Hippokratiker, die Zusammenhänge zwischen Körperflüssigkeiten und Persönlichkeitseigenschaften vermuteten.

Risikofaktoren für die Entwicklung einer psychiatrischen Erkrankung zu erkennen, aber auch generell Gesundheitsverhalten besser zu verstehen. So zeigt eine Studie von Tim Bogg und Brent W. Roberts (2004), dass man aufgrund der Eigenschaft „Gewissenhaftigkeit" sehr gut beschreiben kann, ob Menschen einen gesunden Lebensstil führen und sich im Alltag in geringerem Ausmaß Gefahren aussetzen. Dieselbe Persönlichkeitseigenschaft steht übrigens auch mit Berufserfolg im Zusammenhang (Barrick und Mount 1991). Besonders gewissenhafte Menschen haben in unterschiedlichsten Berufszweigen größere Erfolge als wenig gewissenhafte Menschen.

Immer wieder wird auch darüber diskutiert, inwiefern die Merkmale Extraversion und Introversion mit beruflichem Erfolg im Zusammenhang stehen. (Auch diese beiden Begriffe aus der Persönlichkeitspsychologie werden in Kap. 3 eingeführt.) Bei der Frage, wie Extraversion bzw. Introversion mit Berufserfolg zusammenhängt, scheint es vor allen Dingen auf die untersuchte Sparte der Berufswahl anzukommen. So scheinen Extravertierte gute Verkäufer zu sein, allerdings scheint es auch ein Zuviel an Extraversion zu geben. Die besten Verkaufszahlen werden nach einer neuen Studie bei mittleren Ausprägungen der Eigenschaft Extraversion erreicht (Grant 2013). Eine Studie (Doktorarbeit) von James G. Hadley (2004) fand einen Hinweis darauf, dass „Introvertierte in Berufen erfolgreicher sein könnten, die eine Nähe zur Informationstechnologie haben und bei denen man Kundenprobleme untersuchen muss" (aus dem Abstract zitiert; Übersetzung, auch bei den folgenden Zitaten aus englischsprachigen Publikationen, C. Montag). Dies könnte bedeuten, dass sich introvertierte Menschen in (informations-) technischen Berufen ohne zu viel direkten Kundenkontakt am besten aufgehoben fühlen. Introversion und Extraversion stellen übrigens zwei Pole eines Kontinuums dar.

Zusammenfassung

Persönlichkeit spielt eine wichtige Rolle, wenn es darum geht, Dispositionen für psychiatrische Erkrankungen wie Depression, aber auch Erfolg in unterschiedlichen Berufssparten vorherzusagen. Von daher ist die wissenschaftliche Beschäftigung mit dem Themenkomplex – über menschliche Neugierde bzw. Wissensdurst hinausgehend – von großer Bedeutung.

2
Was ist Persönlichkeit?

Ich beginne mit einer anscheinend einfachen Frage, die aber gar nicht so leicht zu beantworten ist. Es gibt fast so viele unterschiedliche Definitionen von Persönlichkeit, wie es Lehrbücher zu diesem Themenkomplex gibt. Dabei fallen aber natürlich auch einige Überlappungen auf, die den Kern des Begriffes Persönlichkeit betreffen. Der Bereich der Psychologie, welcher sich mit Unterschieden im menschlichen Verhalten beschäftigt, ist die *Differentielle Psychologie*. Damit ist diese die wichtigste Disziplin, um der menschlichen Persönlichkeit auf den Grund zu gehen.

Persönlichkeitspsychologen sind sich im Wesentlichen darin einig, dass der zentrale Kern der menschlichen Persönlichkeit mit dem Begriff *Trait* zu beschreiben ist. Unter Traits versteht man *zeitstabile* Eigenschaften eines Menschen, die sich entsprechend der Definition nur wenig oder langsam ändern. Zur tatsächlichen Veränderlichkeit der menschlichen Persönlichkeit werde ich später einiges erläutern (siehe Kap. 8); an diesem Punkt möchte ich zunächst darauf hinweisen, dass Persönlichkeit aus Sicht der Differentiellen Psychologie etwas ist, was einen Menschen über einen langen Zeitraum charakterisiert. Wenn Sie Ihren besten Freund oder die beste Freundin beschreiben, werden Sie sicherlich merken, dass Sie dieser Person bestimmte Attribute zuschreiben, bei denen Sie davon ausgehen, dass diese Attribute für diese Person generell zutreffen. Ein Beispiel: Sie denken möglicherweise, dass Ihr Freund oder Ihre Freundin sich besonders durch große Warmherzigkeit und Hilfsbereitschaft auszeichnet. Mit dieser Beschreibung beziehen Sie sich mit hoher Wahrscheinlichkeit darauf, wie Sie diese Person *über die langen Jahre* Ihrer Freundschaft hinweg wahrgenommen haben.

Von diesem Gedanken ausgehend, komme ich automatisch zum nächsten wichtigen Bestandteil der Persönlichkeitsdefinition und des Trait-Begriffes. Persönlichkeitseigenschaften sollten sich der Definition nach auch in *unterschiedlichen Situationen* als stabil beobachten lassen. Wenn ein Mensch – als Merkmal seiner Persönlichkeit – besonders schüchtern ist, wird er das nicht nur in der Schule oder im Studium, sondern wahrscheinlich auch im Sportverein oder abends in der Disko sein, wenn er eine andere Person kennenlernt. Übrigens beziehen sich diese zeitüberdauernden Eigenschaften eines Menschen auf unterschiedliche Ebenen seines Daseins. Zeit- und situationsstabile Eigenschaften umfassen nicht nur unsere emotionalen Reaktionen im Alltag. Persönlichkeit in diesem Sinn manifestiert sich ebenfalls in der Art und Weise, wie wir denken und uns dann am Ende auch verhalten. Die zuletzt genannten Persönlichkeitsebenen nennt man in der Forschung auch kognitive (= das Denken betreffende) und behaviorale (= das Verhalten betreffende) Ebenen des menschlichen Wirkungsspektrums.

Tatsächlich zeigt die Literatur aber, dass der in Bezug auf Situationen beschriebene Sachverhalt nicht so einfach ist, wie dieser hier von mir zunächst zum besseren Verständnis dargestellt wurde. In einem Übersichtsartikel beschreibt der bekannte Persönlichkeitspsychologe Walter Mischel (2004), dass es im Kontext der eigenen Persönlichkeit sehr wohl inkongruentes Verhalten über unterschiedliche Situationen geben kann (und dies sogar sehr oft der Fall ist!). Dieses Phänomen ist in der Literatur auch als Persönlichkeit-Paradoxon bekannt geworden. Das heißt, eine Person verhält sich nicht in allen möglichen Situationen schüchtern, sondern immer nur, wenn sie zum Beispiel auf eine Person des anderen Geschlechts trifft (nicht aber im Umgang mit den eigenen Freunden vom gleichen Geschlecht). Um die Persönlichkeit eines Menschen einzuschätzen, müssen – neben den Eigenheiten einer Person – also auch die jeweilige Art der Situation und die vorhandenen sozialen Interaktionspartner berücksichtigt werden. Walter Mischel (2004, S. 11) schreibt: „Obwohl zu gegebenen Zeitpunkten aktivierte Kognition(en) und Affekt(e) veränderlich sind, bleibt die Art und Weise, *wie* sie sich ändern, also die Sequenz und Muster der Aktivierung, stabil und stellt die stabile Organisation innerhalb des Systems dar". Demnach stellt Persönlichkeit ein dynamisches Konstrukt dar, welches auf unterschiedliche Situationen mit unterschiedlichen, dann aber innerhalb ähnlicher Situationen – bei deren gleicher Wahrnehmung und Entschlüsselung (Enkodierung) – mit gleichen Verhaltensweisen reagiert. Zur besseren Veranschaulichung findet sich auch Abb. 2.1.

Wichtig ist, darauf hinzuweisen, dass der Trait-Begriff von einem weiteren Begriff – nämlich dem *State*-Begriff – abzugrenzen ist. *States* beschreiben Zustände einer Person zu einem bestimmten Zeitpunkt. Darunter fällt auch die

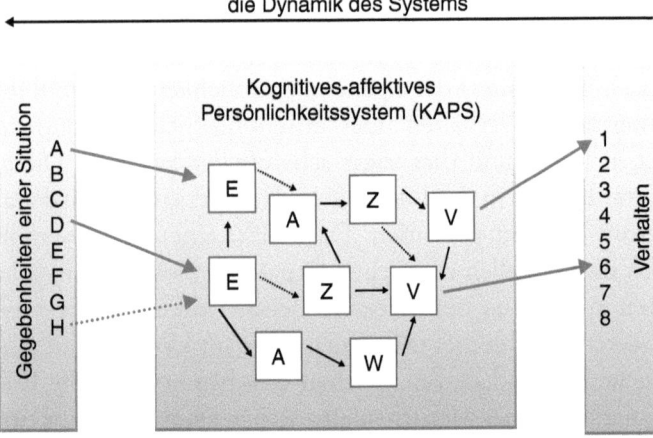

Abb. 2.1 Persönlichkeit ist nach moderner Auffassung als dynamischer Prozess zu verstehen. Unser Gehirn ist mit einem kognitiven und affektiven (affektiv = emotional) Persönlichkeitssystem ausgestattet und reagiert auf unterschiedliche Situationen mit unterschiedlichen Aktivitätsmustern, welche dann Verhalten auslösen. Das Modell funktioniert nach der Idee: Er/sie verhält sich eher nach Schema A in Situation X und eher nach Schema B in Situation Y. In ähnlichen Situationen wird allerdings ein stabiles Verhaltensmuster gezeigt. Dies bedeutet auch, dass ein gewissenhafter Mensch nicht in jeder beliebigen Situation gewissenhaft sein wird, sondern z. B. eher nur in Situationen, in denen ihm Gewissenhaftigkeit als besonders wichtig erscheint (Abbildung in Anlehnung an Mischel und Shoda 1998). Zwei weitere Anmerkungen zur Abbildung: Die gestrichelten Linien stellen beispielhaft hemmende Effekte, die durchgezogenen Linien aktivierende Effekte dar. Die Kästchen im KAPS stellen Elemente der menschlichen Persönlichkeit dar (*E* Enkodierung [Verarbeitung der Situation], *Z* Ziele, *E* Emotionen, *W* Werte, *V* Verhaltensaktivierung), die sich heutzutage auch in Form von Ansammlungen von Neuronen oder Neuronenaktivität in unterschiedlichen Hirnarealen untersuchen lassen. (Adaptiert nach Mischel und Shoda 1998)

aktuelle Stimmung einer Person. Stellen Sie sich vor, dass Sie einen geliebten Menschen verlieren. Dieser Moment wird Sie, aber natürlich auch jeden anderen Menschen in einer vergleichbaren Situation, sehr traurig machen. Ihre Stimmung ist dann am absoluten Tiefpunkt. Persönlichkeitseigenschaften beeinflussen nun, wie sehr, und vor allen Dingen, wie lange Sie sich in einem Zustand der Trauer befinden (z. B. McCrae und Costa 1986). Umgekehrt könnte man behaupten, dass State-Messungen bei einer Person über einen längeren Zeitraum Einblicke in die Persönlichkeit geben. Wenn Sie eine Person jeden Tag fragen, wie ängstlich sie heute sei, wird der Mittelwert über alle Messungen eine Annäherung an die Frage zulassen, wie die Persönlichkeit dieses Menschen im Hinblick auf Ängstlichkeit beschaffen ist. Neuere Ergebnisse von Adam Augustine und Randy Larsen (2012) zeigen, dass Trait- und gemittelte State-Messungen, über einen längeren Zeitraum durchgeführt, im Spektrum von „moderat" bis „hoch" miteinander im Zusammenhang stehen. Allerdings zeigt diese Studie auch, dass die Zusammenhänge nicht perfekt ausfallen. Das heißt, beide Begrifflichkeiten, Trait und State, sind auch ein Stück weit voneinander unabhängig.

Übrigens hat die Psychologie ein recht großes Arsenal an Methoden entwickelt, um die Traits einer Person zu messen. Üblicherweise werden Fragebögen genutzt, mit denen Menschen sich selber im Hinblick auf ihre eigenen Persönlichkeitseigenschaften einschätzen können. Wollen Sie beispielsweise Traits und States unterscheiden, würden Sie der Person die Aussagen „Ich bin generell ängstlich" (Trait) oder „Jetzt bin ich ängstlich" (State) vorgeben. Neben Fragebögen stellen vor allem das Interview bzw. Gespräch und gut kontrollierte Laborexperimente Möglichkeiten dar, sich der menschlichen Persönlichkeit zu nähern.

Natürlich gibt es zahlreiche Probleme bei den eingesetzten Methoden, wie z. B. soziale Erwünschtheit: Tendenzen zur sozialen Erwünschtheit beschreiben den Sachverhalt, dass Menschen dazu neigen, sich so dazustellen, wie es ihrer Meinung nach von ihnen erwartet wird. Ich werde später in diesem Buch zu diesem Punkt zurückkehren und erläutern, wie Wissenschaftler versuchen, dieses Problem in den Griff zu bekommen, und welche neuen Methoden Einblicke in die menschliche Persönlichkeit geben (siehe Kap. 19, wo die Mensch-Maschine-Interaktion in Form von Datenspuren im Internet behandelt wird).

In dem vorliegenden Kapitel wurde ein wichtiger Sachverhalt bisher nicht angesprochen. Persönlichkeit lässt sich in die Begrifflichkeiten *Temperament* und *Charakter* aufgliedern. In der biosozialen Theorie der Persönlichkeit gehen die Forscher um den US-Psychiater Robert Claude Cloninger (Cloninger et al. 1993) davon aus, dass das Temperament eines Menschen bereits in frühen Kindheitsjahren oder sogar direkt nach der Geburt stabil zu beobachten ist. Nicht umsonst charakterisieren wir Babys und Kleinkinder schon sehr früh und schreiben den jungen Erdenbürgern ein ruhiges oder eher unruhiges Temperament zu. Das Temperament sollte der Idee nach sehr stabil sein und wäre demnach maßgeblich durch unsere Genetik mitbestimmt. Dazu passt, dass es u. a. Jerome Kagan (1997) gelang, bei vier Monate alten Babys bereits das Temperament zu bestimmen. So reagierten Babys auf grell gefärbte Spielzeuge, indem sie unterschiedliche Anzeichen von Stress zeigten; daraus ließ sich gut vorhersagen, wie diese Kinder ein paar

Jahre später auf neuartige und stressige Situationen reagierten. Der Temperament-Begriff wird übrigens später durch die Panksepp'schen Primäremotionen näher ausgestaltet (siehe Kap. 14 und das darauf folgende Intermezzo); er entspricht in einigen Merkmalen dem affektiven Teil des kognitiven-affektiven Persönlichkeitssystems (KAPS) von Walter Mischel und Yuichi Shoda (1998) in Abb. 2.1.

Es ist aber anzumerken, dass sich Menschen von ihrer Geburt an (oft gerade in der Pubertät; vgl. Canals et al. 2005) aufgrund von Lernerfahrungen und Umwelteinflüssen in ihrer Persönlichkeit verändern; eine Stabilisierung scheint insgesamt erst im jungen Erwachsenenalter zu erfolgen (siehe auch Kap. 8). Dieser eher veränderliche und durchs Leben geformte Bestandteil der menschlichen Persönlichkeit wird Charakter genannt. Als wichtige Umwelteinflüsse sind zunächst die eigene Familie, mit zunehmendem Alter dann natürlich auch der Freundeskreis, die Schule, das Studium und der Arbeitsplatz mit all seinen sozialen Interaktionen zu nennen.

Die strikte Unterteilung in Temperament und Charakter bringt aber auch Probleme mit sich. Zwillingsstudien konnten beispielsweise nachweisen, dass ein substanzieller genetischer Einfluss nicht nur in interindividuellen Differenzen in Temperament-, sondern auch Charaktereigenschaften zu beobachten ist (z. B. Ando et al. 2004). Dies würde man aufgrund der Konzeption so nicht unbedingt erwarten. Weiteres zu dem Themenkomplex „Genetik und Umwelt" findet sich in diesem Buch ab Kap. 9.

Zusammenfassung

Der zentrale Begriff in der Persönlichkeitsforschung ist der Begriff Trait. Hiermit wird beschrieben, dass bestimmte Eigenschaften einer Person zeit- und situationsüberdauernd sind und sich in emotionalen und kognitiven Variablen und schließlich auch im beobachtbaren Verhalten niederschlagen. Tatsächlich verhalten sich Menschen aber oft in unterschiedlichen Situationen nicht immer konsistent. Dieses Paradoxon lässt sich ein Stück weit auflösen, wenn man berücksichtigt, dass Menschen zwar oft unterschiedliche Verhaltensweisen zeigen, sich in ähnlichen Situationen aber eher ähnlich verhalten (z. B. ist er immer gegenüber Frauen schüchtern, niemals aber, wenn er mit den eigenen männlichen Freunden unterwegs ist). Der moderne Persönlichkeitsbegriff ist dementsprechend auch dynamischer Natur. Zusätzlich lässt sich die menschliche Persönlichkeit in die Bestandteile Temperament und Charakter zerlegen, wobei Ersteres bereits im frühen Alter mehr durch die Genetik und Letzteres im Erwachsenenalter mehr durch die Umwelt geprägt wird.

3
Welche und wie viele Persönlichkeitseigenschaften können wir zuverlässig beobachten?

Es gibt nicht nur viele Definitionen der menschlichen Persönlichkeit, sondern – im Hinblick auf die Frage, die in der Überschrift dieses Kapitels gestellt wird – auch eine Vielfalt von Theorien, die unterschiedliche Zahlen an universellen Persönlichkeitseigenschaften nennen. Meines Erachtens sind dabei unter anderem solche Studien überzeugend, die über unterschiedliche Kulturkreise hinweg dieselben Persönlichkeitseigenschaften nachweisen können. Ich möchte im Folgenden besonders zwei Persönlichkeitstheorien hervorheben. Die methodischen Ansätze dieser beiden stehen dabei in deutlichem Gegensatz zueinander, können aber auch konzeptuell verbunden werden.

Das am weitesten verbreitete Persönlichkeitsmodell ist durch eine Analyse des menschlichen Wortschatzes entstanden. Eine solche Analyse ist aufschlussreich, weil wir in unserer Kommunikation – dem verwendeten Wortschatz – natürlich auch Aussagen über die menschliche Natur machen. Psychologen haben bei solchen Analysen den menschlichen Wortschatz nach Worten durchsucht, mit denen man Menschen charakterisieren kann (z. B. freundlich, träge, kooperativ). Daher spricht man in diesem Zusammenhang auch von einem *lexikalischen Persönlichkeitsmodell*. Bei der statistischen Untersuchung von tausenden Eigenschaftswörtern haben sich fünf Faktoren – Dimensionen – herauskristallisiert, mit denen die menschliche Persönlichkeit in unterschiedlichsten Kulturen robust beschrieben werden kann. Deswegen nennt man diesen Ansatz auch *Fünf-Faktoren-Modell der Persönlichkeit* (Fiske 1949, 1994; McCrae und John 1992). Um sich die Faktoren dieses Modells besser merken zu können, bietet sich als Eselsbrücke ein Akronym an: ein Kunstwort, das aus den Anfangsbuchstaben mehrerer Wörter – hier: der fünf Faktoren oder Dimensionen – besteht. Mit dem Begriff OCEAN kann man sich leicht merken, welche globalen Persönlichkeitseigenschaften aus der statistischen Analyse des menschlichen Wortschatzes hervorgegangen sind:

- O steht für *Openness to Experience* oder Offenheit für Erfahrungen. Damit beschreibt man Menschen, die sich für neue Kulturen interessieren, gerne zu neuen Ufern aufbrechen und neugierig sind.
- Das C steht für *Conscientiousness* (auf Deutsch: Gewissenhaftigkeit). Gewissenhafte Menschen sind pünktlich und arbeiten strukturiert und genau ihre „To-do-Listen" ab.
- Der Buchstabe E steht für *Extraversion*. Übrigens hat sich hier (passend zu introvertiert) als entsprechendes Eigenschaftswort „extrovertiert" eingebürgert (statt „extravertiert"), der „klassische" Begriff, den ich auch in diesem Buch verwende, ist aber „Extraversion". Extravertierte Menschen sind gesellig, suchen gerne Kontakt zu ande-

ren Menschen, gehen auf Partys, neigen aber manchmal auch zu riskanten Aktionen. Sie sind besonders lebendig und haben ein dominantes Auftreten. Die Begriffe Extraversion vs. Introversion wurden von dem Tiefenpsychologen Carl Gustav Jung geprägt.
- Das A steht für *Agreeableness* („Verträglichkeit") und beschreibt Menschen, die gerne im Team arbeiten. Ab und zu sind sie auch dazu bereit, sich unterzuordnen, um den Frieden in der Gruppe aufrechtzuerhalten. Verträgliche Menschen sind sehr anpassungsfähig.
- Der letzte Buchstabe, das N, steht für *Neurotizismus* und beschreibt Menschen die ängstlich, emotional eher instabil sind (z. B. launig) und oft von Schuldgefühlen geplagt werden. Da Neurotiker ängstlich sind, machen sie sich häufig Sorgen über die Zukunft.

In einigen Persönlichkeitsmodellen wird dieser fünfte Faktor auch *emotionale Stabilität* genannt (das Gegenteil von Neurotizismus). Hier kommt der Gedanke ins Spiel, dass jede der gerade genannten Persönlichkeitsdimensionen ein Kontinuum mit zwei Polen darstellt. Auf jeder der genannten Persönlichkeitsdimensionen haben Menschen eine bestimmte Ausprägung.

Das Fünf-Faktoren-Modell der Persönlichkeit hat sich als sehr robust erwiesen. Es ist rund um den Globus in unterschiedlichen Kulturen bestätigt worden (McCrae et al. 1998). Es gibt aber auch Forscher, die versuchen, mit einem ergonomischeren Modell zu arbeiten, welches mit einer geringeren Anzahl an Persönlichkeitseigenschaften auskommt. Dazu wird beispielsweise nach weiteren, übergeordneten Faktoren gesucht, zu denen man die genannten fünf Faktoren zusammenstellen kann. Hier gibt es aber noch keine Einigkeit (vgl. z. B. Eysenck 1991; DeYoung 2006). Auf der anderen Seite gibt es Modelle, die neben den fünf Faktoren der Persönlichkeit weitere Dimensionen ausmachen. Ein solches Modell wäre z. B. das HEXACO-Modell. Dieses basiert ebenfalls auf einem lexikalischen Ansatz und unterscheidet sich von dem Fünf-Faktoren-Modell vor allem darin, dass es eine sechste Persönlichkeitsdimension annimmt, *Honesty* (auf Deutsch: Ehrlichkeit; Ashton et al. 2004).

Neben den lexikalischen Ansätzen hat sich in den letzten Jahren eine weitere vielversprechende Persönlichkeitstheorie entwickelt, die auf der Biologie bzw. Psychobiologie basiert. Dem amerikanischen Forscher Jaak Panksepp (der estnische Wurzeln hat) gelang es mit einer Kombination von elektrischen Stimulationsstudien und pharmakologischen Challenge-Experimenten – bei Challenge-Experimenten wird eine pharmakologische Substanz verabreicht –, sieben emotionale Schaltkreise im Säugetiergehirn herauszuarbeiten (Panksepp 1998; vgl. auch Kap. 14 mit dem anschließenden „Intermezzo"). Bei den elektrischen Stimulationsstudien konnte er beispielsweise zeigen, dass die Verabreichung von elektrischen Impulsen in bestimmten Hirnarealen – emotionalen Schaltkreisen – distinkte emotionale Reaktionen auslösen kann (z. B. Lachen bei Ratten; Burgdorf et al. 2007). Zusätzlich konnten diese emotionalen Schaltkreise durch die Verabreichung von pharmakologischen Substanzen beeinflusst werden (z. B. Panksepp et al. 1985).

Wie kann man übrigens Lachen bei Ratten nachweisen? Zunächst ist die Information wichtig, dass Spielverhalten bei Ratten von charakteristischen emotionalen Geräuschen (*emotional sounds*) begleitet wird. Diese Geräusche liegen in einem Bereich von 50 Kilohertz (kHz) und können von unserem menschlichen Gehör nicht registriert werden. Deshalb müssen diese Geräusche über eine gesonderte Apparatur aufgezeichnet werden. Genau diese *emotional sounds* im Bereich von 50 kHz konnten von Jaak Panksepp nun auch erzeugt werden, als er begann, Ratten zu kitzeln. Tatsächlich müssen die Ratten das Kitzeln als angenehm empfunden haben, denn sie folgten der Hand, die sie gerade gekitzelt hatte! Sie wollten also anscheinend mehr davon. Das dargestellte Rattengelächter stellte sich interessanterweise auch ein, wenn in einem weiteren Experiment das passende Hirnareal elektrisch stimuliert wurde. Wer sich für diese Experimente interessiert, findet sie u. a. bei YouTube unter dem Suchbegriff „Rat Tickling". Dort kann das entsprechende Experiment als Video angeschaut werden. Gleich werde ich erläutern, warum diese Studien auch für die Persönlichkeitsforschung wichtig sind. Zunächst aber von den Ratten wieder zum Menschen.

Entsprechend den Beobachtungen bei Ratten wird Spielverhalten ebenfalls beim Menschen von Lachen begleitet. Und auch im Humanbereich lässt sich beobachten, dass bei Hirnoperationen die elektrische Stimulation bestimmter Hirnareale Lachen oder Weinen hervorrufen kann (z. B. Krack et al. 2001). Es gibt also speziesübergreifend im Säugetiergehirn emotionale Schaltkreise für positive und negative Emotionen; dabei können schon leichte neuroanatomische Unterschiede in diesen Schaltkreisen beim Menschen und bei anderen Säugetieren interindividuelle Differenzen in diesen Emotionen bzw. im emotionalen Erleben hervorrufen. Weil Emotionen einen besonderen Teil der Persönlichkeit ausmachen (siehe Kap. 2), sind Unterschiede in den emotionalen Schaltkreisen von großer Bedeutung für unsere Persönlichkeit.

Aufgrund dieser und ähnlicher Ergebnisse aus der Hirnforschung wurde ein entsprechender Fragebogen entwickelt, der Unterschiede in genau diesen Emotionsschaltkreisen erfasst: Unterschiede, die nicht durch einen lexikalischen Ansatz, sondern eben durch Methoden der Hirnforschung ausgearbeitet worden sind. Wenn sich also beispielsweise zeigt, dass eine elektrische Stimulation des Gehirns zu neugierigem Explorationsverhalten führt, sollte der Fragebogen zur Messung der Persönlichkeit – neben anderen – die Facette „Neugier" abbilden. In Kap. 14, in dem nach dem ältesten Bestandteil der Persönlichkeit gefragt wird, werde ich auf dieses Modell erneut und genauer eingehen (Davis et al. 2003).

Wenn man die beiden Ansätze zu einem Verständnis von Persönlichkeit vergleicht, stellt man fest, dass der lexikalische Ansatz ein sehr abstraktes Persönlichkeitsmodell entstehen lässt, da er auf einer breit aufgestellten Sprachanalyse beruht. Dagegen zielt die Panksepp'sche Persönlichkeitstheorie, von der Biologie herkommend, besonders auf einen Bereich der Persönlichkeit ab, nämlich auf Unterschiede im emotionalen Erleben einer Person. Im Übrigen gibt es aber auch Argumente dafür, dass die beiden unterschiedlichen Persönlichkeitsmodelle von Paul Costa und Robert McCrae (1992) sowie von Jaak Panksepp und Kenneth Davis (Davis et al. 2003) in einem Zusammenhang gesehen werden können (Davis und Panksepp 2011). So gibt es zwischen den gemessenen Persönlichkeitseigenschaften aus dem Panksepp'schen Persönlichkeitsmodell sowie dem Fünf-Faktoren-Modell der Persönlichkeit von Costa und McCrae zum Teil Überlappungen. Wie wir später sehen werden, kann man die Panksepp'schen Primäremotionen möglicherweise als das Fundament für die fünf Faktoren der Persönlichkeit ansehen.

> **Zusammenfassung**
>
> Es gibt zahlreiche Persönlichkeitsmodelle. Eines der bekanntesten stellt das Fünf-Faktoren-Modell mit dem Akronym OCEAN dar. Zusätzlich gibt es aber auch stark biologisch orientierte Ansätze, die menschliche Persönlichkeit zu entschlüsseln.

Intermezzo: Der Zusammenhang zwischen Persönlichkeit und Intelligenz

Dieses Buch hat nicht Intelligenz zum Thema, sondern beschäftigt sich mit Persönlichkeitseigenschaften. In der Literatur unterscheidet man manchmal zwischen sogenannten *ability* (*ability* bedeutet „Fähigkeit") und *non-ability traits*, wobei Intelligenz zu ersterem Bereich gezählt wird und Persönlichkeit zu letzterer Gruppe gehört (z. B. Ackerman 2003).

Natürlich spielt bei der Bewertung einer Person die Intelligenz eine große Rolle. Von daher kann man kaum das eine (*non-ability traits, Persönlichkeit*) ganz ohne das andere (*ability traits, Intelligenz*) sehen. Aber wie hängen nun Persönlichkeitseigenschaften und Intelligenz zusammen? Um diese Frage zu beantworten, muss zunächst der Intelligenzbegriff eingeführt werden. Ähnlich wie beim Persönlichkeitsbegriff herrscht unter den Wissenschaftlern auch hier keine Einigkeit: Was ist das Wesen der Intelligenz? Die Debatte um Intelligenz gipfelte früh in dem berühmten Ausspruch des Psychologen Edwin G. Boring (1923), der das Problem wie folgt recht nüchtern zusammenfasst: „Intelligenz ist das, was ein Intelligenztest misst" (oder im Original: „Intelligence as the tests test it"; Zitat entspricht dem Titel der Arbeit).

Natürlich haben sich über die vielen Jahre in der Intelligenzforschung ein paar Sachverhalte als bedeutsam herausgestellt. Dies betrifft vor allem die Unterscheidung der intellektuellen Fähigkeiten in eine fluide und kristalline Form der Intelligenz. Fluide Intelligenz beschreibt nach Raymond Cattell (1963) den Speed-Faktor, d. h. wie schnell eine Person neue Sachverhalte erfassen kann. Kristalline Intelligenz beschreibt das Wissen, welches wir über das ganze Leben anhäufen. Dieses Wissen hilft uns ebenfalls im Alltag beim Erfüllen von vielen Aufgaben. Denken wir in diesem Kontext z. B. an das große Wissen von langjährigen verdienten Mitarbeitern, welches diese Menschen über viele Jahre in einem Betrieb gesammelt haben. Junge Menschen in einem Unternehmen haben im Vergleich dazu zwar oft eine schnellere Auffassungsgabe (fluide Intelligenz), dagegen aber nicht das profunde Wissen, welches sich erst über die jahrelange Erfahrung einer Person ansammeln konnte (kristalline Intelligenz). Während die fluide Intelligenz über das Alter abnimmt, nimmt die kristalline Intelligenz zu. Man könnte auch sagen, dass das Abnehmen der fluiden Intelligenz durch die Zunahme der kristallinen Intelligenz ein Stück weit aufgefangen wird.

Neben diesen beiden Formen der Intelligenz kann man natürlich auch die Leistung in einem Intelligenztest als das

Maß für Intelligenz ansehen. Hier sind wir wieder bei dem berühmten Ausspruch von Boring (1923) angekommen. In einigen gängigen Intelligenztests werden ebenfalls die beiden Cattell'schen Formen der Intelligenz getestet. Wenn Menschen eine andere Person beurteilen – ein Geschehen, das oftmals automatisch abläuft –, versuchen sie allerdings in der Regel ohne die Informationen aus Intelligenztests zurechtzukommen. Alles andere wäre natürlich auch sehr aufwendig! So nutzen wir zumeist Informationen aus dem Alltag, die man einfach erhalten kann, etwa den erreichten beruflichen Status einer Person oder die durchschnittliche Abiturnote, um auf die Intelligenz eines Menschen zu schließen.

Tomas Chamorro-Premuzic und Adrian Furnham (2004) haben ein Modell aufgestellt, in welchem die fünf Faktoren der Persönlichkeit und deren mögliche Zusammenhang mit unterschiedlichen Facetten von Intelligenz dargestellt werden. Unter anderem wird in dem Modell ein negativer Zusammenhang zwischen fluider Intelligenz und Gewissenhaftigkeit, dem zweiten Faktor im Sinne des genannten Akronyms, beschrieben (Moutafi et al. 2004). Dies könnte auf der einen Seite dadurch erklärt werden, dass fluid intelligente Menschen sich entweder auf ihre von Natur aus stärker ausgeprägten intellektuellen Fähigkeiten verlassen (und sich nicht mehr so anstrengen). Auf der anderen Seite könnten weniger intelligente Menschen versuchen, ihre Defizite im Bereich der fluiden Intelligenz durch hohe Gewissenhaftigkeit zu kompensieren. Hier tun sich übrigens für den aufmerksamen Leser Widersprüche auf, denn ein hohes Maß an Gewissenhaftigkeit ist genauso wie Intelligenz ein guter Prädiktor für Erfolg im Berufsleben (Barrick und Mount 1991). Erwähnenswert ist, dass die Zusammenhänge zwischen Gewissenhaftigkeit und fluider Intelligenz nach Einschätzung der beiden Autoren Tomas Chamorro-Premuzic und Adrian Furnham bis jetzt in Studien beobachtet worden sind, in denen es „um nichts ging". Das heißt, würde man die fluide Intelligenz bei einem Bewerbungstest anstatt in einem psychologischen Labor untersuchen, könnten die beobachteten Zusammenhänge anders ausfallen. Kurzum, ein Stück weit wird der Widerspruch bestehen bleiben. Allerdings scheint Gewissenhaftigkeit nur in negativem Zusammenhang mit der fluiden Intelligenz (nicht aber der kristallinen Intelligenz) zu stehen, dagegen ist aber der durchaus breiter zu fassende Intelligenzbegriff (inklusive fluider und kristalliner Intelligenz) mit Erfolg im Berufsleben assoziiert (vgl. z. B. Ree und Earles 1992; Kuncel et al. 2004).

Offenheit für Erfahrungen, der erste der fünf Faktoren, steht positiv mit der kristallinen Intelligenz im Zusammenhang (Ashton et al. 2000). Hier könnte eine erhöhte Neugier dazu führen, dass offene Menschen sich für mehr Dinge interessieren und so im Verlauf ihres Lebens mehr Wissen anhäufen. Neurotizismus und Extraversion sind eher in der Nähe der IQ-Test-Performanz – also der Frage, wie gut Menschen mit einem IQ-Test zurechtkommen – verortet worden. Neurotische Menschen schneiden oft bei IQ-Tests aufgrund von Prüfungsängsten schlechter ab (Moutafi et al. 2006). Extraversion könnte dagegen in positivem Zusammenhang zur IQ-Test-Performanz stehen. Chamorro-Premuzic und Furnham (2004, S. 255) erklären die Richtung dieses Zusammenhangs so:

Der positive Zusammenhang zwischen Extraversion und den Ergebnissen in einem IQ-Test würde die größere Schnelligkeit bei der Beantwortung der Testaufgaben und eine stärkere Durchsetzungsfähigkeit widerspiegeln, wobei beides bei den meisten Arten von psychometrischen Tests als Vorteil angesehen werden könnte.

Verträglichkeit ist in dem Modell der Autoren nicht mit Intelligenz in Zusammenhang gebracht worden.

In der Abb. 3.1 sind nicht nur die gerade geschilderten Gedanken aus dem Modell von Chamorro-Premuzic und Furnham (2004) in vereinfachter Weise abgebildet. Zusätzlich zeigt sich in der Abbildung, dass die von einem selbst eingeschätzte Intelligenz ebenfalls durch unsere Persönlichkeitsstruktur beeinflusst wird. Neurotiker schätzen ihre Intelligenz dem Modell nach eher schlechter ein, offene und extravertierte Menschen dagegen eher positiver. Diese Zusammenhänge sind zum Teil bereits empirisch nachgewiesen worden (Chamorro-Premuzic et al. 2005).

Eine weitere kurze Anmerkung zum Schluss: Auch wenn der IQ ein wichtiges Maß für die Vorhersage von beruflichem Erfolg darstellt, so zeigt sich, dass besonders auch weitere Fähigkeiten wie Empathie oder emotionale Intelligenz in diesem Kontext von großer Bedeutung sind (z. B. Lam und Kirby 2002; O'Boyle et al. 2011). Andernfalls ließe sich nicht erklären, warum nach erfolgter Personalauswahl (wo der IQ oftmals eine große Rolle spielt) im Hinblick auf Führungsqualitäten der Führungskräfte mit vergleichbarem IQ nach wie vor große Unterschiede zu beobachten sind.

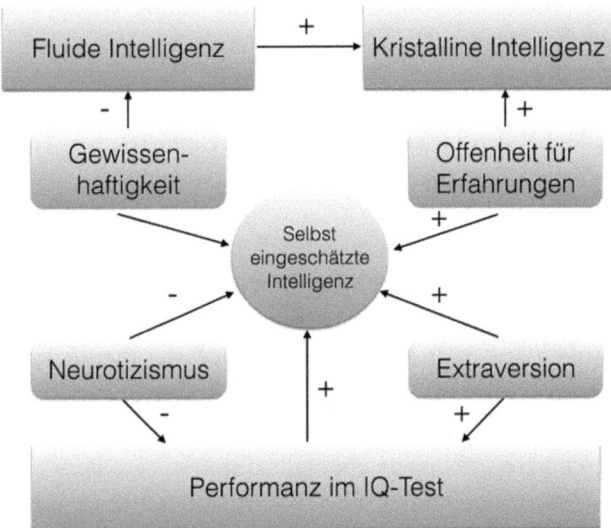

Abb. 3.1 Auch wenn Intelligenz und Persönlichkeitseigenschaften zumeist getrennt voneinander untersucht werden, lassen sich trotzdem Zusammenhänge zwischen den beiden psychologischen Konstrukten beobachten. Das + (plus) beschreibt in der Abbildung positive, das − (minus) negative Zusammenhänge. Für den Pfad zwischen Gewissenhaftigkeit und selbst eingeschätzter Intelligenz ist noch nicht viel bekannt. Das Modell ist noch nicht in allen Bereichen bestätigt worden. Die Abbildung ist in Anlehnung an die Arbeit und eine Abbildung von Chamorro-Premuzic und Furnham (2004) erstellt worden. (Adaptiert nach Chamorro-Premuzic und Furnham 2004).

Zusammenfassung

Persönlichkeit wird meist von Intelligenz getrennt untersucht. Es gibt jedoch Modelle, die aufzeigen, wie die Persönlichkeitseigenschaften des Fünf-Faktoren-Modells mit unterschiedlichen Facetten der Intelligenz im Zusammenhang stehen. Im vorliegenden Kapitel wurde auf das Modell von Chamorro-Premuzic und Furnham (2004) fokussiert.

4
Wie alt werde ich? Hat ein langes Leben etwas mit Persönlichkeit zu tun?

Menschen träumen schon seit Jahrhunderten davon, ein sehr langes Leben zu haben. Dabei soll es idealerweise auch ein ausgefülltes, gesundes und glückliches Leben sein.

Die Frage nach einem glücklichen Leben wird in dem vorliegenden Buch nicht gesondert thematisiert, obwohl es natürlich Beziehungen zwischen positiver/negativer Emotionalität und Persönlichkeit gibt. Zum Beispiel neigen Neurotiker eher zu Verstimmungen (z. B. Williams 1990). Auf eine interessante Erkenntnis möchte ich jedoch kurz hinweisen. In einer Studie von Riediger et al. (2009) zeigte sich, dass emotionales Wohlbefinden im (hohen) Alter stärker als bei jungen Menschen vertreten ist. Junge Menschen gaben in der Studie sogar häufig an, ihre schlechte Stimmung verstärken zu wollen! Das würde man so nicht unbedingt annehmen, da alte Menschen oft körperliche Gebrechen und das Ende ihres Lebens vor Augen haben. Eine Erklärung für die Befunde könnten Abgrenzungstendenzen von jugendlichen Menschen sein, die ihr eigenes (unabhängiges) Leben führen möchten und sich gerne rebellisch geben. Ältere Menschen wollen dagegen möglicherweise ihre verbleibende Lebenszeit nicht mehr mit traurigen Gedanken verbringen.

Tatsächlich hat sich die Persönlichkeitspsychologie der Frage zugewendet, inwieweit Persönlichkeitseigenschaften darauf schließen lassen, ob ein Mensch ein hohes Alter erreicht. Joshua J. Jackson et al. (2015) sind dieser Frage in einer längsschnittlichen Studie nachgegangen; Längsschnitt bedeutet hier, dass man einen bestimmten Sachverhalt über einen langen Zeitraum und nicht nur zu einem einzigen Zeitpunkt untersucht. Die Studie von Jackson et al. (2015) ist nicht nur besonders erwähnenswert, weil sie Menschen über einen sehr langen Zeitraum (ca. 75 Jahre!) bis zu ihrem Tod begleitet hat. Sie ist auch deswegen erwähnenswert, weil in den 30er Jahren des letzten Jahrhunderts zu Beginn der Studie zusätzlich zu einer Selbstauskunft über die eigene Persönlichkeit weitere Informationsquellen genutzt wurden. Genauer gesagt, wurden Freunde der Studienteilnehmer darum gebeten, die Persönlichkeit ihres Freundes oder ihrer Freundin einzuschätzen.

In der Studie ergaben sich nun sehr interessante Ergebnisse. Die männlichen Teilnehmer, die von ihren Freunden als besonders gewissenhaft und offen für neue Erfahrungen eingeschätzt wurden, lebten besonders lange. Dabei hatte übrigens die Einschätzung durch den Freundeskreis eine bessere Vorhersagekraft in Bezug auf ein langes Leben als die Selbsteinschätzung der Teilnehmer. Dieser Befund passt gut zu dem bereits kurz dargestellten Zusammenhang zwischen besserem Gesundheitsverhalten und Gewissenhaftigkeit. In der erwähnten Studie von Bogg und Roberts (2004) zeigte sich, dass gewissenhafte Menschen weniger exzessiv Alkohol trinken, weniger Drogen nehmen, weniger riskant

Auto fahren und weniger gewaltsames Verhalten zeigen. Ähnliche Zusammenhänge wurden im Hinblick auf gesundes Essverhalten (mehr), riskantes Sexualverhalten (weniger), Suizid und Nikotinabhängigkeit (beides weniger) gefunden. Die zuletzt genannten Zusammenhänge fielen im Vergleich zu den Variablen Alkohol- und Drogenkonsum, riskantes Autofahren und Gewaltverhalten aber alle deutlich schwächer aus.

In der Längsschnittstudie von Jackson et al. (2015) zeigten sich auch interessante Zusammenhänge zwischen Persönlichkeitseigenschaften und Langlebigkeit für Frauen. Wieder war die Einschätzung der Freunde ein besserer Prädiktor – ein Prädiktor ist eine Variable, von der aus man eine Vorhersage in Bezug auf einen Sachverhalt treffen möchte – als die Selbstauskunft der Teilnehmerinnen. Sowohl eine große emotionale Stabilität (das Gegenteil von Neurotizismus) als auch eine hohe Verträglichkeit ermöglichten gute Vorhersagen bezüglich eines langen Lebens bei Frauen. Diese Merkmale charakterisieren, so die Autoren, „eine [den Mann] unterstützende und gelassene Frau, entsprechend den berichteten Eigenschaften, die in der Sozialtheorie der damaligen Zeit hervorgehoben wurden" (S. 339).[1] Das heißt, aus der damaligen Zeit heraus gesehen waren die Wesenszüge „emotionale Stabilität" und „Verträglichkeit" einem langen Leben bei Frauen besonders zuträglich. Es wird sich zeigen, inwieweit in unserer modernen Welt mit ihrem anderen Frauenbild ähnliche Zusammenhänge zu beobachten sind.

---

[1] Auch wenn es in dem Artikel nicht deutlich wird: Ich gehe davon aus, dass die *social role theory* gemeint ist, d. h. es ging darum, welches Rollenbild von Männern und Frauen damals vorherrschte.

Die Tatsache, dass die Fremdeinschätzung eine bessere Vorhersage im Hinblick auf die Langlebigkeit der Personen ermöglichte, kann laut den Autoren um Jackson auf zwei Faktoren zurückzuführen sein. Einmal kann es sein, dass außenstehende Personen (z. B. unsere Freunde oder Familienmitglieder) Dinge an uns entdecken, für die wir selber nicht besonders empfänglich sind. Die andere Erklärung liegt in der großen Anzahl an Fremdbewertungen, die jede Person in der Studie erhielt. Die meisten Teilnehmer wurden von fünf Freunden bewertet, sodass sich hier ein besonders stimmiges Bild ergeben konnte.

Im Kontext dieses Kapitels möchte ich auf eine weitere Studien kurz eingehen. Eine bereits etwas ältere Studie von Brent W. Roberts et al. (2009) konnte zeigen, dass Gewissenhaftigkeit nicht nur für die eigene Gesundheit von Bedeutung ist, sondern dass auch „Carry Over"-Effekte zu beobachten sein könnten; von „Carry Over"-Effekten spricht man, wenn sich beispielsweise Eigenschaften einer Person auch auf andere Personen auswirken. In der Studie von Roberts et al. (2009) erwies sich eine große Gewissenhaftigkeit bei Männern als positiv für die Gesundheit der Frauen, entsprechend eine große Gewissenhaftigkeit bei Frauen als bedeutsam für eine bessere Gesundheit des männlichen Partners (Roberts et al. 2009). Die Frau würde ihrem Mann beispielsweise mal etwas Gesundes zum Essen kredenzen, sodass er sich nicht immer so ungesund ernährt. In der anderen Richtung – der Mann kredenzt der Frau Gesundes – wäre dies natürlich genauso erfreulich. Vielleicht animieren sich auch beide Partner gegenseitig dazu, mehr Sport zu treiben. Grundsätzlich scheinen gewissenhafte Partner eher bei sich und beim anderen darauf zu achten, dass sie in der

Beziehung einen gesunden Lebensstil pflegen. Neben Gewissenhaftigkeit wurde in der Studie auch Neurotizismus untersucht, welches sich als negativer Faktor herausstellte. Das durchschnittliche Alter der Teilnehmer in der Studie von Roberts et al. (2009) lag bei 66,5 Jahren. Die Studie untersuchte also ältere Paare.

Um genauer zu illustrieren, wie der Persönlichkeitsfaktor „Gewissenhaftigkeit" in dieser Studie verstanden wurde, möchte ich kurz die Items – d. h. die Aussagen oder einzelnen Worte, auf die man sich in den Antworten eines Fragebogens bezieht – nennen, mit denen Roberts und Kollegen Gewissenhaftigkeit gemessen haben. Die Teilnehmer mussten angeben, als wie organisiert, verantwortungsbewusst, hart arbeitend und sorgfältig sie sich einschätzten.

Zusammenfassend kann man sagen, dass sich in gewissenhaftem Verhalten der wichtige Faktor „Selbstdisziplin" widerspiegelt (Weiss und Costa 2005). Diese scheint aus Sicht eines Persönlichkeitspsychologen ein treibender Faktor für Langlebigkeit zu sein.

> **Zusammenfassung**
>
> Langlebigkeit steht in engem Zusammenhang mit der Persönlichkeitseigenschaft „Gewissenhaftigkeit". Selbstdisziplin als wesentlicher Bestandteil von Gewissenhaftigkeit ist von großer Bedeutung, um ein gesundes Leben zu führen und alt zu werden.

5
Entscheiden im finanziellen Bereich – wer wettet gerne, wer kann Verzicht üben?

Der Kauf einer Immobilie, das Investieren oder Wetten am Aktienmarkt, aber auch leichtfertiges Geldausgeben – dies alles wird ebenfalls durch unsere Persönlichkeit beeinflusst. Dieses kurze Kapitel kann natürlich nur einen sehr rudimentären Überblick über die Literatur in diesem umfassenden Forschungsfeld geben. Es macht jedoch deutlich, dass die beobachteten Zusammenhänge zwischen Persönlichkeitseigenschaften und Verhalten bei finanziellen Entscheidungen ein Stück weit davon abhängen, wie und welcher Bereich finanziellen Entscheidungsverhaltens gemessen wird. Um das Ganze ein wenig anschaulicher zu gestalten, möchte ich ein paar Beispiele aus der Literatur anführen.

Einen echten Forschungsklassiker stellen Experimente zu dem Thema „Loss Aversion" (Verlust-Aversion) dar. Hier werden den Teilnehmern einer Studie mehrere Fifty-fifty-Wettmöglichkeiten angeboten, welche die jeweilige Person wahrnehmen kann, aber nicht muss. Gerne spielt man in diesen Experimenten auch um echtes Geld, damit eine große ökologische Validität erreicht wird; ökologische Validität bedeutet, dass das Experiment sehr nah am echten Leben dran ist. Beispielsweise wird den Probanden in einem „Loss Aversion"-Experiment ein Wettangebot unterbreitet, bei welchem sie jeweils mit einer 50-prozentigen Wahrscheinlichkeit 10 € gewinnen oder 10 € verlieren können. Denken Sie kurz über die folgende Frage nach (bevor Sie dann weiterlesen): Würden Sie auf ein solche Wette eingehen?

Die meisten Ihrer Mitmenschen würden interessanterweise nicht auf das gerade dargestellte Angebot eingehen. Die bahnbrechenden Arbeiten von Tversky und Kahneman (1981) (siehe auch die ältere Arbeit von Kahneman und Tversky 1979) konnten in diesem Kontext zeigen, dass der mögliche Gewinn bei einer solchen Fifty-fifty-Wette mindestens doppelt so hoch sein muss wie der mögliche Verlust, damit die meisten Menschen einer solchen Wette zustimmen. Ich müsste Ihnen also eine Fifty-fifty-Wette anbieten, bei welcher Sie beispielsweise 20 € gewinnen oder 10 € verlieren können, bevor Sie sich darauf einließen. Die sogenannte *Prospect Theory* (Prospect = Chance) von Tversky und Kahneman (1981) zeigte, dass die in der Ökonomie lange vorherrschende Idee, der Mensch sei als *Homo oeconomicus* zu beschreiben, nicht zutreffend ist. Das Modell des Homo oeconomicus beschreibt Menschen, die stets danach trachten, ihren Nutzen zu maximieren. Dies bedeutet, dass Menschen sich immer so entscheiden sollten, dass sie finanziell auf ihre Kosten kommen. Diesem klassischen Modell aus der Ökonomie folgend müssten Menschen eigentlich immer auf solche Wetten eingehen, die durch einen *positiven Erwartungswert* gekennzeichnet sind. Der Erwartungswert beschreibt, welchen Betrag ich bei einer Wette oder einer anderen finanziellen Situation wahrscheinlich erwarten kann (genauer: wie der zu erwartende Mittelwert über viele Durchgänge solcher Wetten aussehen sollte).

Zur Veranschaulichung ein kurzes, einfaches Rechenbeispiel: Der Erwartungswert bei einer Fifty-fifty-Wette mit einer jeweils 50-prozentigen Wahrscheinlichkeit, 20 € zu gewinnen oder 10 € zu verlieren, würde wie folgt berechnet: 20 € × 0,50 (%) – 10 € × 0,50 (%) = 5 €. Diese Wette hat also einen positiven Erwartungswert und würde finanziell über mehrere Wettrunden für Sie mit sehr hoher Wahrscheinlichkeit Gewinn bringen. Wie bereits gesagt, würden auf die gerade genannte Wette viele Menschen einsteigen, nicht aber auf eine Wette, wo Menschen mit 50-prozentiger Wahrscheinlichkeit entweder 11,00 € gewinnen oder 9,00 € verlieren können. Der Erwartungswert wäre hier deutlich kleiner: 11,00 € × 0,50 (%) – 9,00 € × 0,50 (%) = 1 €, fällt aber ebenfalls positiv aus. Ergo müsste Homo oeconomicus die Wette akzeptieren. Dies machen die meisten Menschen aber nicht.

Zusammenfassend, wird durch die Beispiele klar, dass Menschen Verluste deutlich stärker gewichten als Gewinne. Auch wenn sich das genannte Verhältnis von 2:1 (Gewinn vs. Verlust) als robustes allgemeinpsychologisches Modell[1] herausgestellt hat, gibt es doch große Unterschiede in der

---

[1] Die Allgemeine Psychologie stellt den Teil der Psychologie dar, der sich mit Prozessen beschäftigt, die mehr oder weniger Gültigkeit für alle Menschen haben. Alle Menschen haben zwei Augen zum Sehen, eine Nase zum Riechen und zahlreiche Nervenzellen auf der Zunge zum Schmecken. Tatsächlich gibt es aber natürlich auch deutliche Unterschiede mit Hinblick auf die Fähigkeiten dieser Sinne, die unter anderem die Differentielle Psychologie beleuchtet. Beispielsweise gibt es Menschen, die eine Rotgrünschwäche haben und sich somit deutlich in ihrer Farbwahrnehmung unterscheiden. Die Differentielle Psychologie zielt in ihren Forschungszielen aber im Wesentlichen auf Unterschiede in Persönlichkeitseigenschaften und Intelligenz ab.

Bereitschaft, auf Wetten mit unterschiedlichen Erwartungswerten einzugehen.

In einer Studie von Bibby und Ferguson (2011) zeigte sich, dass keine der bereits in diesem Buch eingeführten Persönlichkeitseigenschaften aus dem Fünf-Faktoren-Modell der Persönlichkeit Schlüsse darauf ermöglichte, welche Gruppen von Personen welche Wetten mit unterschiedlichen Erwartungswerten annehmen würden. Eine noch nicht benannte Persönlichkeitseigenschaft kristallisierte sich in dieser Studie aber als besonders bedeutsam heraus. Es handelte sich in der Studie um die Persönlichkeitseigenschaft Alexithymie (Gefühlsblindheit). Unter diesem Begriff versteht man die Unfähigkeit, eigene Emotionen wahrzunehmen und sie mit Worten zu benennen. Menschen mit hohen Werten in Alexithymie haben große Probleme, in sich hineinzuhorchen und ihren eigenen Körper wie z. B. das Pulsieren des eigenen Herzschlags wahrzunehmen. Menschen mit einer fehlenden Antenne für das eigene „Bauchgefühl" reagieren mit weniger Angst vor Verlusten und steigen eher auf Fifty-fifty-Wetten ein (auch solche, die dann tatsächlich sehr riskant sind und keinen positiven Erwartungswert besitzen). Erklären lässt sich das durch die somatische Markertheorie von Damasio (1996). Damasio geht in dieser Theorie davon aus, dass Menschen über ihr ganzes Leben hinweg ein emotionales Gedächtnis anlegen, welches dabei hilft, auch in Situationen mit großer Unsicherheit eine schnelle Entscheidung zu treffen. Unser Körper hat beispielsweise gelernt, dass bestimmte Wetttypen in unserem Leben bereits öfters zu einem Verlust geführt haben. Das Verkrampfen des Magens bei der

Sichtung einer wenig attraktiven Wette signalisiert Ihnen dann, die Finger von der Wette zu lassen.

Interessanterweise zeigte sich in dieser Studie dagegen kein Zusammenhang zwischen Neurotizismus (inkl. der Subfacette „Ängstlichkeit") und dem Wettverhalten. Das heißt, der durchaus hypothetisch mögliche Zusammenhang zwischen Unterschieden in Ängstlichkeit und solchen im Wettverhalten konnte in dieser Studie nicht nachgewiesen werden. Dies ist insofern erwähnenswert, da viele Menschen beim Bekanntwerden von Ergebnissen einer psychologischen Studie die Ergebnisse als logisch und nicht besonders erwähnenswert abtun. Vielleicht ist Ihnen der Gedanke bei dem ein oder anderen Befund in diesem Buch auch bereits gekommen. Frei nach dem Motto: „Ist ja klar, dass das rauskommen musste." Tatsächlich ist das aber meist nicht so klar. Stellt man vor Bekanntwerden der Ergebnisse aus psychologischen Studien die Frage nach dem zu erwartenden Ergebnis, so bilden sich aus eigener Erfahrung in meinen Vorlesungen sehr häufig zwei in etwa gleich große Lager. Deswegen ist es ja auch so wichtig, mit empirischen Mitteln zu testen, ob sich eine Hypothese bestätigt oder eben nicht.

Ein weiteres sehr bedeutendes ökonomisches Paradigma stellt das sogenannte „Delay Discounting" dar; *Delay* bedeutet „Verspätung" und *Discounting* „Abzinsung": Je weiter beispielsweise eine Auszahlung von Geld in der Zukunft stattfindet, desto stärker wird ein solcher Geldbetrag „abgezinst", ist also für die Person weniger wertig – 10 € heute sind attraktiver als 10 € in einem Jahr. Delay Discouting wird in der Literatur oft in einem Atemzug mit dem Begriff „Delay of Gratification" – Belohnungsaufschub – genannt, wobei die Begrifflichkeiten nicht deckungsgleich sind, aber im Zusammenhang stehen (Reynolds und Schiffbauer 2005). Bei beiden Begriffen geht es darum, dass impulsives Verhalten untersucht wird. Impulsive Menschen reagieren sehr häufig auf (geringe) Belohnungen im Hier und Jetzt und nehmen damit oftmals in Kauf, langfristig schlechter dazustehen (statt z. B. zu einem späteren Zeitpunkt eine größere Belohnung zu bekommen). Moeller et al. (2001, S. 1784) definieren impulsives Verhalten wie folgt: „Impulsivität wird hier als Prädisposition definiert, ungeplant auf internale oder externale Stimuli zu reagieren, ohne dabei negative Konsequenzen aufgrund dieser Handlung für das impulsive Individuum oder andere zu berücksichtigen." Passenderweise spielt impulsives Verhalten auch eine große Rolle bei Sucht. Ein süchtiger Mensch weiß zwar oft über die langfristigen negativen Konsequenzen der Droge Bescheid, nimmt diese aber in Kauf, weil der Rausch durch den aktuellen Drogenkonsum als übermäßig attraktiv erscheint. Tatsächlich ist aber die langfristige Wirkung der Droge als sehr bedrohlich für die eigene Gesundheit einzuschätzen.

Um die Begrifflichkeiten weiter zu illustrieren, führe ich ein weiteres kurzes Beispiel an: Erfolg stellt sich in unserem Leben in der Regel nur durch große Anstrengungen ein, d. h. wir müssen im Leben sehr oft Verzicht üben, um langfristig ein großes Ziel erreichen zu können. Beispielsweise muss man ein langes und anstrengendes Studium auf sich nehmen, um später einen gut bezahlten Beruf ergreifen zu können. Um diesen Beruf zu erreichen, muss man in der Zeit des Studiums auch auf viele Annehmlichkeiten verzichten, weil schlichtweg das nötige Geld fehlt, um sich einen gewissen Luxus zu leisten. Ich selber erinnere mich noch gut an meine 11 qm große Wohnung mit Gemeinschaftstoiletten und -duschen, die ich während meines Studiums in Gießen bewohnt habe. An ähnliche Situationen in Ihrem Leben werden Sie sich mit großer Wahrscheinlichkeit auch erinnern. Nur durch die Fähigkeit, auf Belohnungen im Hier und Jetzt zu verzichten, können Sie größere Belohnungen in Zukunft Realität werden lassen.

Im Hinblick auf die genannten Fähigkeiten wird diskutiert, ob man Delay Discounting auch als Persönlichkeitseigenschaft ansehen kann, da es große interindividuelle Unterschiede in der Art und Weise gibt, wie Menschen weit in der Zukunft liegende Belohnungen abzinsen (Odum 2011), aber auch darin, wie sie auf eine unmittelbare kleinere Belohnung – im Vergleich zu einer größeren Belohnung in der Zukunft – reagieren. Tatsächlich scheint es einige Belege dafür zu geben, dass Delay Discounting genauso wie Delay of Gratification einen Trait darstellt, also eine zeitüberdauernde Eigenschaft ist. Die Bedeutsamkeit der Konzepte Delay Discounting und Delay of Gratification zeigt sich deswegen auch wenig überraschend in vielen Studien. Als Beispiel: In einer Längsschnittstudie wurden Kinder untersucht, um zu schauen, wie ihre Fähigkeit zum Belohnungsverzicht mit den Schulleistungen im Zusammenhang stand. Kinder die bereit waren, im Hier und Jetzt auf einen Dollar zu verzichten, um dafür eine Woche später zwei Dollar zu bekommen, hatten zu einem späteren Zeitpunkt in der Schule die deutlich bessere akademische Performanz (Duckworth und Seligman 2005). Selbstdisziplin, so stellte sich in dieser Studie übrigens auch heraus, erwies sich für die Schulleistungen als wichtiger als der gemessene IQ. Ähnliche Studien wurden von Mischel et al. (1989) und Shoda et al. (1990) zu dem Themenkomplex „Delay of Gratification" veröffentlicht. In ihnen zeigte sich, dass Menschen, die als Kinder bereit waren, einen Belohnungsaufschub zu akzeptieren, dies auch im Erwachsenenalter waren. Besonders das erste klassische Experiment von Mischel et al. (1972) ist erwähnenswert, welches als das berühmte Marshmellow Experiment bekannt geworden ist. Die Kinder mussten entscheiden, ob sie sofort einen Marshmellow (oder eine ähnliche attraktive Leckerei) haben wollten oder bereit waren ein paar Minuten zu warten, um dann sogar zwei Marshmellows zu bekommen! Schon diese frühe Studie zeigte, dass es einfache Strategien gibt, auch Kindern mit geringerer Selbstregulation zu helfen. Die Instruktion an lustige Sachen (anstatt an den Marshmellow) zu denken oder sich anderweitig abzulenken, erhöhte deutlich die Fähigkeit, die Belohnung aufzuschieben.

Zur Erinnerung: Selbstdisziplin ist uns damit nicht nur im Kontext des Delay Discounting begegnet, sondern auch in dem Kapitel über die Persönlichkeitsvariable Gewissenhaftigkeit, als es um Langlebigkeit ging!

Zusammenfassung

Auch finanzielles Entscheidungsverhalten hängt mit der jeweiligen Persönlichkeitsstruktur zusammen. Je nach untersuchten Bereichen spielen Persönlichkeitseigenschaften wie Alexithymie, aber auch Unterschiede in der Fähigkeit, Belohnungen aufzuschieben, eine wichtige Rolle. Als wichtige Persönlichkeitseigenschaft haben wir hier auch Impulsivität kennengelernt.

6
Was treibt den Menschen an? Interindividuelle Differenzen in Motiven

Genauso wie es Unterschiede in der Art und Weise gibt, wie Menschen mit einer großen Anzahl an Situationen umgehen (die eben genannten Unterschiede in emotionalen Reaktionen und Denkmustern), gibt es Unterschiede im Hinblick auf Leitmotive, die Menschen in ihrem Alltag antreiben und in eine entsprechende Richtung handeln lassen. Auch Motive gehören zu unserer Persönlichkeitsstruktur. Den Motiv-Begriff kennen die meisten Leser wahrscheinlich aus Krimis, in denen immer nach dem Motiv des Verbrechers gesucht wird. Warum hat eine Person sich so verhalten, wie sie es getan hat?

Die Motivationspsychologie hat drei Motive herausgearbeitet, die als Hauptantriebsquellen des Menschen gelten. Hierbei handelt es sich um die drei Motive *Leistung, Bindung* und *Macht* (z. B. McClelland 1975; Sokolowski et al. 2000). Die Begriffe sind selbsterklärend, weshalb ich sie hier nur kurz erläutere. Das *Leistungsmotiv* beschreibt im Kontext der Persönlichkeitspsychologie den Sachverhalt, dass es große Unterschiede in der Bereitschaft gibt, etwas zu erreichen, und folglich auch darin, wie viel man für das

Erreichen eines großen Ziels investiert. Im Hinblick auf das *Bindungsmotiv* gibt es Unterschiede in dem Ausmaß, wie wichtig es für Menschen ist, sich an andere zu binden. Auch das *Machtmotiv* ist unterschiedlich ausgeprägt, d. h. es variiert bei Personen, wie bedeutsam es für sie ist, im Beruf z. B. den Posten einer Führungskraft zu erreichen. Nach neueren Forschungsarbeiten gibt es möglicherweise noch ein weiteres solches Motiv, nämlich ein Furcht-Motiv; als Furcht vor Versagen (Leistung), Furcht vor dem Alleinsein/Zurückweisung (Bindung) und Furcht vor Kontrollverlust (Macht) steht es aber mit den „großen Drei" der Motivation eng im Zusammenhang (Schönbrodt und Gerstenberg 2012), sodass ich es hier nicht extra bespreche (Abb. 6.1).

Die Ausprägungen bezüglich dieser drei Motive lassen sich übrigens explizit und implizit erfassen. *Explizit* beschreibt in der Regel Fragebogenverfahren, in denen eine Person z. B. einer Aussage wie „Ich bin leistungsmotiviert" zustimmen oder sie ablehnen kann. Bei *impliziten* Verfahren versucht man dagegen, die unterbewusst arbeitenden

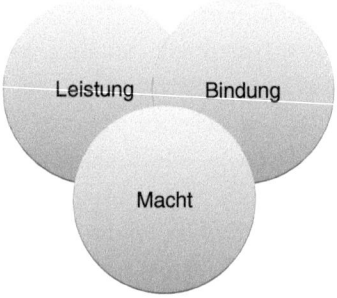

Abb. 6.1 Leistung, Bindung und Macht stellen die zentralen Handlungsmotive von Menschen dar.

Motive zu erfassen; dies tut man in der Regel über projektive Verfahren. Bei projektiven Verfahren weiß eine Person nicht, dass gemessen werden sollen, wie stark die drei Motive bei ihr ausgeprägt sind. Ein Beispiel: Die Teilnehmer einer Studie könnten etwa dazu aufgefordert werden, ein Bild zu interpretieren (in diesem Fall: ihre unterbewusst arbeitenden Motive auf ein Bild zu projizieren). Die Interpretationen der teilnehmenden Personen werden dann jeweils bezüglich der drei Motive ausgewertet.

Problematisch ist, dass die Ergebnisse aus expliziten und impliziten Verfahren kaum in einem Zusammenhang stehen, sodass sich die Frage stellt, ob unterschiedliche Dinge gemessen werden oder aber ob die Motivausprägungen bei vielen Menschen tatsächlich unterbewusst völlig anders sind als die, welche sie bewusst wahrnehmen (z. B. Bosson et al. 2000; Schultheiss und Brunstein 2001). Im Übrigen werden projektive Verfahren aufgrund zahlreicher methodischer Probleme stark kritisiert.

Natürlich lässt sich auch eine Verbindung zwischen unterschiedlichen Persönlichkeitsausprägungen und unterschiedlichen Motivausprägungen erkennen. In einer Studie von Meera Komarraju und Steven J. Karau (2005) gaben besonders gewissenhafte, neurotische, aber auch offene Personen an, etwas im Leben erreichen zu wollen (Verbindung zum Leistungsmotiv). Eine Facette des Leistungsmotivs, „Engagement", konnte dagegen am besten durch Extraversion und Offenheit für Erfahrungen vorhergesagt werden. Im Kontext der Bindungsforschung zeigte sich, dass Extraversion und Verträglichkeit gute Prädiktoren für eine intime Beziehung darstellen (vor allen Dingen bei Männern). Die Eigenschaft Neurotizismus ließ sowohl bei Männern und

Frauen vorhersagen, ob die Teilnehmer der Studie unzufrieden mit ihren Beziehungen waren (White et al. 2004). Im Hinblick auf die Fähigkeit, eine effektive Führungskraft zu sein, stellte sich in einer weiteren Studie besonders Extraversion als wichtige Persönlichkeitseigenschaft heraus (Judge et al. 2002). Die hohe Dichte an Zusammenhängen zeigt, dass Persönlichkeitseigenschaften und Motivausprägungen in starkem Zusammenhang stehen. Die Muster sind aber meines Erachtens noch nicht so deutlich, dass diese unbedingt ein stimmiges Bild ergeben, d. h. dass man eindeutig vom einen aufs andere schließen könnte.

Über die biologischen Grundlagen von Motiven ist ebenfalls schon viel geforscht worden. Für das Machtmotiv spielt vor allen Dingen das Sexualhormon Testosteron eine bedeutsame Rolle. Testosteron ist bei Tieren mit sozialer Dominanz assoziiert worden und diese Befunde lassen sich auch auf den Menschen übertragen (besonders auf Männer; Mazur und Booth 1998). Ein deutlicher Anstieg von Testosteron lässt sich bei Männern dann beobachten, wenn sie in einem Wettstreit deutlich überlegen sind. Es verwundert nicht, dass das Machtmotiv bei Männern stärker ausgeprägt ist, denn bei ihnen ist der Testosteronspiegel oft höher als bei Frauen. Wenn Männer in einem Wettstreit klar unterliegen, kommt es zu einem Testosteronabfall. Dieses Phänomen lässt sich interessanterweise auf viele andere Situationen übertragen. Beispielsweise konnten Steven J. Stanton et al. (2009) zeigen, dass der Testosteronspiegel bei Männern, die bei den US-Präsidentschaftswahlen 2008 den Republikaner John McCain gewählt hatten, deutlich abfiel, nachdem bekanntgegeben wurde, dass Barack Obama die Wahl gewonnen hatte. Dies zeigt, dass die Hormonschwankungen bei einem indirekten Wettbewerb ähnlich stark ausfallen könnten wie bei einem direkten Wettbewerb.

Bei den beiden anderen Motiven – Leistung und Bindung – ist ebenfalls viel über die biologischen Grundlagen bekannt. Eine Studie von Kei Mizuno et al. (2008) konnte mit einer bildgebenden Darstellung des Gehirns zeigen, dass dessen Putamenregion bei hoher selbstberichteter Leistungsmotivation[1] von Seiten der Probanden bei der Bearbeitung einer Aufgabe durchs Arbeitsgedächtnis stark aktiviert wurde. (Bei einer solchen Aufgabe, die das Arbeitsgedächtnis aktiviert, muss eine Person möglichst viele Informationen im Arbeitsgedächtnis präsent halten. Beispielsweise werden neun Ziffern vorgelesen und die Aufgabe besteht darin, diese Zahlen im Kopf zu behalten.)

Je höher also die Leistungsmotivation war, von der die Probanden berichteten, desto stärker war auch die Aktivität in diesem Hirnareal.

Bei dem Bindungsmotiv spielen vor allen Dingen Botenstoffe wie das Hormon Oxytocin eine wichtige Rolle; diese werde ich in Kap. 13 genauer vorstellen. Frauen haben in Fragebögen in der Regel höhere Bindungswerte, was durch einen stärkeren Oxytocin-Anstieg bei ihren sozialen Interaktionen erklärt werden könnte (dies ist sogar bei dem Umgang mit Haustieren beobachtet worden: Beim Gassi gehen mit dem Hund stieg bei Frauen der Oxytocinspiegel an,

---

[1] Hier ist besonders die akademische Leistungsmotivation zu erwähnen. Zusätzlich ist das Putamen ein Bestandteil der Basalganglien, die unter anderem eine wichtige Rolle für die Steuerung motorischer Bewegungsabläufe im Gehirn spielen. Dieses Hirnareal hat aber auch wichtige Funktionen bei manchen Lernformen.

bei Männern dagegen nicht (Miller et al. 2009)). Allerdings spielt auch bei Männern Oxytocin eine wichtige Rolle und es ist noch nicht klar, ob es zwischen Männern und Frauen wirklich große Unterschiede hinsichtlich der Oxytocin-Spiegel gibt. Eine neue Studie zeigt sogar, dass Oxytocinplasmaspiegel bei Männern höher sein können (Weisman et al. 2013). Entscheidend ist jedoch, dass Oxytocin bei Männern und Frauen unterschiedliche Funktionen haben könnte: Frauen sind unter dem Einfluss von Oxytocin empfänglicher für Informationen im Hinblick auf Bindung und Freundschaft, Männer dagegen für Informationen, in denen es um Wettkampf geht (Fischer-Shofty et al. 2013).

> **Zusammenfassung**
>
> Genauso wie es Unterschiede in der Persönlichkeit gibt, lassen sich auch Unterschiede in Motivausprägungen beobachten. Motive leiten unser Verhalten im Alltag und können ein Stück weit erklären, warum wir uns eher in bestimmte Richtungen bewegen und andere Wege nicht einschlagen. Zusätzlich gibt es enge Verknüpfungen zwischen Persönlichkeitsausprägungen und der Bedeutung, welche die Motive Leistung, Bindung und Macht für eine Person haben.

7
Unterscheiden sich Männer und Frauen in Persönlichkeitseigenschaften?

Tatsächlich scheint es Unterschiede im Hinblick auf Persönlichkeitsausprägungen zwischen Männern und Frauen zu geben. Es wurden bereits unzählige Studien zu diesem Themenkomplex durchgeführt. Folglich sind wir hier in der günstigen Lage, uns mit Hilfe von Ergebnissen aus einer Meta-Analyse ein recht umfassendes Bild machen zu können. Eine Meta-Analyse ist eine wissenschaftliche Arbeit, die statistisch Effekte über mehrere Studien hinweg, die bisher zu einem Thema durchgeführt wurden, berechnet. Eine solche Meta-Analyse wurde im Jahr 1994 von Alan Feingold zum Thema „Geschlecht[1] und Persönlichkeitsausprägungen" erarbeitet. In dieser Studie wurden Ergebnisse aus ca. 40 Jahren Forschung zusammengefasst.

Bei Männern, so zeigte die Studie, waren Durchsetzungsfähigkeit – eine Facette von Extraversion – und Selbstbewusstsein stärker ausgeprägt als bei Frauen, der Unterschied

---

[1] Im Hinblick auf den Begriff Geschlecht unterscheidet man in der englischen Forschungsliteratur zwischen den biologischen Aspekten (Sex) und den kulturell geformten Aspekten (Gender). Auch in dem vorliegenden Kapitel wird später auf biologische und kulturelle Aspekte des Begriffes Geschlecht im Kontext der menschlichen Persönlichkeit eingegangen.

war beim Selbstbewusstsein aber geringer als bei der Eigenschaft „Durchsetzungsfähigkeit". Frauen hatten demgegenüber höhere Werte in der Eigenschaft „Ängstlichkeit", im Ausmaß, in dem sie anderen Vertrauen schenkten, aber auch im Hinblick auf Fürsorglichkeit. Der Autor konnte keine Unterschiede in Bezug auf Impulsivität, soziale Ängste oder z. B. den „Locus of Control" feststellen; Letzterer beschreibt, wie stark Menschen die Überzeugung besitzen, für ihre Handlungen im Alltag selbst verantwortlich zu sein. Feingold fügt in der Zusammenfassung seines Artikels die wichtige Information hinzu, dass die beschriebenen Unterschiede zwischen den Geschlechtern über das Alter, über die Zeit, auf die sich die Studie bezog (es wurde ein Zeitraum von fast 40 Jahren untersucht), sowie unabhängig vom Bildungsniveau und dem untersuchten Land bzw. Kulturkreis stabil waren.

Lassen sich die Ergebnisse nun in eine umfassendere Theorie einbetten? Hier schlägt Feingold vor, die Befunde in eine klassische Theorie von David Bakan (1966) einzuordnen. Diese Theorie beschreibt zwei übergeordnete Verhaltensprinzipien, nach denen Menschen mit ihrer sozialen Umwelt interagieren. Feingold ist der Ansicht, dass sich viele Verhaltensweisen von Männern und Frauen gut aufgrund der Dimensionen *agentic* vs. *communal* aus Bakans Theorie verstehen lassen. *Agentic* beschreibt eine starke Fokussierung auf sich selbst, *communal* dagegen, dass jemandem das Gemeinschaftswohl und das Aufrechterhalten von positiven Beziehungen wichtig sind. Nach den Ergebnissen der Meta-Analyse von Feingold (1994) wollen Männer also eher Dinge individuell durchsetzen und die Karriereleiter in Hierarchien nach oben steigen, während Frauen eher das

Gemeinwohl im Auge behalten – das von Kollegen bei der Arbeit, der Familie sowie des Nachwuchses.

Die Eingliederung der Daten von Feingolds Meta-Analyse in die Theorie von Bakan (1966) passt insofern gut, als die stärksten Effekte im Hinblick auf Unterschiede zwischen Männern und Frauen für die Eigenschaften „Assertiveness" (Facette von Extraversion) und „Tender-mindedness" (Facette von Verträglichkeit) beobachtet worden sind. Der erste Begriff steht für die bereits beschriebene Durchsetzungsfähigkeit, der zweite dafür, sich als liebevoll zu zeigen, mit fürsorglichen Tendenzen (siehe auch Abele 2003). Diese Persönlichkeitsunterschiede stehen auch im Einklang mit den biologischen Grundlagen der Persönlichkeit, über die wir später noch mehr erfahren werden.

Um die Befundlage noch ein wenig zu komplettieren, ist auch die im Vergleich zu Feingold (1994) etwas neuere Studie von Richard Lynn und Terence Martin (1997) von großem Interesse, da sie nach interkulturellen Belegen für Unterschiede zwischen Männern und Frauen bezüglich der Persönlichkeitseigenschaften gesucht haben. Sie stellten in allen 37 untersuchten Ländern höhere Neurotizismus-Werte für Frauen als bei Männern fest, höhere Psychotizismus-Werte in 34 Ländern und höhere Extraversions-Werte bei Männern im Vergleich zu Frauen in 30 Ländern. Wie bereits beschrieben umfasst die Persönlichkeitseigenschaft „Neurotizismus" auch Ängstlichkeit. „Psychotizismus" beschreibt Menschen, die u. a. Tendenzen zur Gefühlskälte, Aggression, Exzentrizität, aber auch Kreativität zeigen. Ergänzend dazu ist zu sagen, dass Durchsetzungsfähigkeit natürlich auch mit aggressiven Tendenzen einhergehen kann. Jeder weiß, was es bedeutet, die Ellenbogen auszufahren, um ein Ziel durchzusetzen.

Da gerade Geschlechter-Debatten oft sehr emotional geführt werden, möchte ich darauf hinweisen, dass es sich hier um statistisch bedeutsame Unterschiede handelt, die sich ergeben, wenn man große Gruppen von Männern und Frauen miteinander vergleicht. Umgekehrt gibt es genügend Einzelfälle, die nicht diesem „Schema" entsprechen. Zudem bewegen sich die Ausprägungen von Männern und Frauen bezüglich dieser Persönlichkeitseigenschaften oftmals im Grenzbereich, d. h. viele Unterschiede erscheinen an dieser Stelle als extremer, als sie tatsächlich sind. Außerdem zeigt sich in neueren Studien, dass sich mittlerweile die Eigenschaften von Männern und Frauen teilweise mehr angleichen, d. h. die Unterschiede geringer werden. Frauen spielen in bislang männerdominierten Berufen und anderen Bereichen der Gesellschaft zunehmend eine größere Rolle, sodass sie möglicherweise auch eher „männlichere" (Persönlichkeits-) Züge annehmen (Diekmann und Eagly 2000).

Wichtig ist für die Untersuchung von Persönlichkeitsunterschieden zwischen Männern und Frauen interessanterweise aber auch der Entwicklungsstand eines Landes: In reichen und gut entwickelten Ländern mit mehr (politischer und gesellschaftlicher) Gleichheit zwischen Männern und Frauen sind *größere* Geschlechtsunterschiede zu beobachten als in weniger entwickelten Ländern (Schmitt et al. 2008). Dieses Ergebnis ist unerwartet, da in weniger entwickelten Ländern klarere Arbeitsteilungen zu beobachten sind (z. B. in körperliche Arbeit auf dem Feld vs. Kinder aufziehen und Haushalt), die sich in größeren Persönlichkeitsunterschieden hätten niederschlagen können. Dies ist jedoch nicht der Fall. Zum Verständnis der

Befunde ist die ergänzende Information wichtig, dass Männer in traditionellen und eher wenig entwickelten Ländern in ihren Eigenschaften eher der weiblichen Persönlichkeit ähneln und erst in mehr entwickelten Ländern zunehmend die „typisch" männliche Persönlichkeit ausprägen (siehe z. B. oben der Begriff „Assertiveness"). Die Autoren erklären ihre Beobachtungen u. a. damit, dass in Umwelten, in denen materiell alles im Überfluss vorhanden ist, Männer ihre natürlichen Anlagen mehr entwickeln könnten. Das heißt, die männliche Genetik kommt in entwickelten Umwelten – beispielsweise durch eine gute Ernährung und entsprechend ein stärkeres Körperwachstum und größerer Kraft – erst richtig zur Geltung. Dieser Befund spricht eher gegen die Theorie, dass Stereotype oder Rollenbilder hinsichtlich der Unterschiede zwischen Männern und Frauen ausreichend erklärend sind (siehe weiter unten).

Nachdem nun Unterschiede in der Persönlichkeit zwischen Männern und Frauen erläutert (und bereits andiskutiert) worden sind, wollen wir uns kurz (weiteren) möglichen Ursachen für die hier präsentierten wissenschaftlichen Befunde zuwenden. Auch hier ist bereits viel spekuliert und geforscht worden. Es haben sich mehrere Theorien hervorgetan, um die beobachteten Unterschiede zu erklären. Diese Theorien entstammen zum Teil der Biologie. In ihnen wird hervorgehoben, dass der Unterschied zwischen den Geschlechtern vor allen Dingen auf die Ausprägungen der Geschlechtschromosomen zurückzuführen sei. Geschlechtschromosomen werden in der Literatur auch Gonosomen genannt (im Unterschied zu den restlichen Chromosomenpaaren, die man als Autosomen bezeichnet). Männer haben bekanntlich ein X- und ein Y-Chromosom

(XY), Frauen zwei X-Chromosomen (XX; der Chromosomen-Begriff wird näher in Kap. 10 erläutert). Die gerade genannten Studienergebnisse von Schmitt et al. (2008) sind eher diesem Bereich der Erklärungen zuzuordnen, wobei hier natürlich schon in besonderer Art und Weise Gen-Umwelt-Interaktionen berücksichtigt werden.

Andere Theorien machen vor allen Dingen die Umwelt oder die Kultur einer Gesellschaft für Unterschiede zwischen Männern und Frauen verantwortlich. Bei diesen Theorien geht man u. a. davon aus, dass wir schon ab frühester Kindheit in bestimmte Rollen „gedrängt" werden. Zum Beispiel, so zeigt sich, werden Jungen eher mit Sportsachen ausgestattet und tragen blaue Kleidung, während die Mädchen mit Puppen spielen und rosa Anziehsachen bekommen (Pomerlau et al. 1990). Die so bewirkte frühkindliche Prägung nimmt dann Einfluss auf die Entwicklung von Rollenstereotypen bei den aufwachsenden Kindern. Auf der anderen Seite sind die Stereotypen auf Seiten der Erwachsenen auch Ursache dafür, dass Kinder entsprechend angezogen oder mit bestimmten Spielzeug ausgestattet werden. Stereotypen beschreiben, wie wir uns bestimmte Dinge oder eine Person typischerweise vorstellen. Ein Beispiel für ein solches Stereotyp wäre: Der Durchschnittsdeutsche trinkt Bier, hat eine Lederhose an und isst Sauerkraut.

Solche Stereotype, aber auch Erwartungen einer Gesellschaft an das Individuum könnten dazu führen, dass Unterschiede, welche sich in den Fragebogendaten einer Studie zeigen, möglicherweise nicht der Realität entsprechen. Viele Männer sind vielleicht genauso ängstlich wie Frauen, wollen dies aber – weil es den gesellschaftlichen Erwartungen und Stereotypen über Männer widerspricht – auf keinen Fall zugeben. Wahrscheinlich liegt die Wahrheit im Hinblick auf die existierenden Persönlichkeitsunterschiede zwischen Männern und Frauen irgendwo „in der Mitte": zwischen den unterschiedlichen Erklärungsansätzen, die existieren. Natürlich spielt die Biologie für Unterschiede zwischen Männern und Frauen eine wichtige Rolle, aber auch Kulturen beeinflussen massiv, was als typisch männlich oder weiblich gilt. Biosoziale Theorien werden meines Erachtens der Wahrheit am nächsten kommen.

Zusammenfassung

Es gibt Unterschiede in der Persönlichkeit zwischen Männern und Frauen, die vor allen Dingen in den Polen Durchsetzungsfähigkeit (männlich) vs. Gemeinschaftssinn/Fürsorglichkeit (weiblich) zum Ausdruck kommen. Die Unterschiede lassen sich gut mit unserem Wissen über die biologischen Grundlagen der Persönlichkeit vereinen. Zusätzlich spielen aber auch Stereotype bei der Erklärung der zu beobachtenden Persönlichkeitsunterschiede eine wichtige Rolle. Es ist vielleicht zu erwarten, dass die Unterschiede in Persönlichkeitseigenschaften in Zukunft geringer werden, da in Industrieländern immer mehr Frauen den Weg in männerdominierte Bereiche finden und sich damit auch Rollensterotype verändern. Auf der anderen Seite scheint die Entwicklung von Dritt-/Schwellen- hin zu Industrieländern interessanterweise zunächst mit der Entwicklung von größeren Persönlichkeitsunterschieden zwischen Männern und Frauen einherzugehen.

8
Ist Persönlichkeit „in Stein gemeißelt" oder veränderbar?

Warum fällt es uns nur so schwer, unschöne Eigenschaften unserer Persönlichkeit abzulegen? Manch einer fragt sich, ob es überhaupt möglich ist, sich fundamental zu ändern, oder ob ein solcher Versuch nicht „verlorene Liebesmüh" ist. Persönlichkeitspsychologen beschäftigen sich schon sehr lange mit der Frage, ob sich die Persönlichkeit über das Leben hinweg verändert oder eher stabil ist. Und natürlich auch mit der Frage, ob sich ein Mensch ändern kann.

Die beiden berühmten Persönlichkeitspsychologen Paul Costa und Robert McCrae (1994) gehen davon aus, dass die Entwicklung der menschlichen Persönlichkeit zwischen dem 25. und 30. Lebensjahr als abgeschlossen gelten kann und dann nur noch geringfügige Änderungen im weiteren Verlauf des Lebens zu beobachten sind. Diese Annahme einer Stabilität der Persönlichkeit wird auch von Ergebnissen einer Studie von Stephen Soldz und George E. Vaillant (1999) untermauert, die 163 Männer über mehr als 45 Jahre untersucht haben. Die Persönlichkeitseigenschaften nach dem College-Abschluss standen bei diesen Probanden in deutlichem Zusammenhang mit den berichteten Eigenschaften im Alter von 67 bis 68 Jahren. Dies galt besonders für Neurotizismus, Extraversion und Offenheit. Generell ist die Stabilisierung der Persönlichkeit im jungen Erwachsenenalter wahrscheinlich mit der Ausreifung des präfrontalen Kortex – der Stirnlappen der Großhirnrinde – zu erklären. Er befindet sich an der Stirnseite unseres Gehirns und hat u. a. die Aufgabe, subkortikale Energie (also Aktivität aus den im Gehirn tiefer gelegenen emotionalen Schaltkreisen) in Schach zu halten. Andernfalls würden wir den ganzen Tag von unseren Emotionen übermannt werden und in unpassenden Situationen – z. B. im Berufsleben – wild loslachen oder anfangen zu weinen. Kurzum, diese Region des Gehirns schafft es, unsere Emotionen in der Regel im Griff zu halten. Da der Stirnlappen sehr lange benötigt, bis er ausgereift ist, ergibt sich so eine mögliche Erklärung für die rechte lange Zeitspanne, bis Menschen ein stabiles Persönlichkeitsmuster aufweisen.

Es gibt aber auch andere Forscher, die zeigen, dass der Stabilitätsgedanke von einigen Faktoren beeinflusst wird, die bis jetzt nicht näher benannt worden sind. Monika Ardelt (2000) führt an, das von Costa und McCrae (1994) vorgetragene Ergebnis werde u. a. davon beeinflusst, wie alt die Personen bei den ersten Persönlichkeitsmessungen und wie groß der Abstand zwischen den Messungen gewesen sei – längere Messintervalle sind mit einer geringeren Stabilität verbunden. Es zeigt sich, dass besonders dann Persönlichkeitsveränderungen beobachtet werden können, wenn der erste Messzeitpunkt in entsprechenden Studien im jungen Alter liegt oder jenseits des 50. Lebensjahres. Bis zum 30. Lebensjahr scheint sich Persönlichkeit also zu verfestigen, gefolgt von einer einigermaßen stabilen Phase bis zum ungefähr 50. bis 60. Lebensjahr. Hier könnten dann erneut deutlichere Veränderungen zu Tage treten. Gerade die Zeit ab Mitte 50 stellt für viele Menschen eine erneute Umbruchphase dar, in der wichtige Lebensaufgaben (z. B. Erziehung der Kinder) zu einem großen Teil abgeschlossen sind und neue Dinge angegangen werden können. Eine Studie von Antonio Terracciano et al. (2006) hingegen unterstreicht mit ihren Daten, dass Persönlichkeit auch jenseits eines Lebensalters von 50 Jahren recht stabil ausfallen kann. Die Frage nach der Stabilität in höherem Alter ist also noch nicht endgültig geklärt.

Veränderungen – bzw. die Stabilität der Persönlichkeit – hängen aber auch davon ab, welche Persönlichkeitseigenschaften jeweils untersucht werden. Eine Studie von Ravenna Helson und anderen (2002) konnte hier zeigen, dass mit steigendem Alter höhere Gewissenhaftigkeits- und Verträglichkeitswerte beobachtet werden, dagegen aber Persönlichkeitseigenschaften, die mit Vitalität assoziiert sind, abnehmen. Dies wird auch durch eine etwas neuere Studie von Brent W. Roberts und Daniel Mroczek (2008) unterstrichen. Erwähnenswert ist, dass die Ränge in den untersuchten Kohorten in der Regel ähnlich bleiben. Das heißt, eine Person, die früher schon verträglich war, wird nun im Vergleich zu den Gleichaltrigen der gleichen Kohorte einige Jahre später immer noch höhere Persönlichkeitsausprägungen in diesem Bereich zeigen. Die wichtigsten Veränderungen der Persönlichkeit aus der Studie von Roberts und Mroczek (2008) sind für das Fünf-Faktoren-Modell der Persönlichkeit in Abb. 8.1 dargestellt. Die oberen beiden Dimensionen „soziale Vitalität" und „soziale Dominanz" stellen Facetten von Extraversion dar.

Die bis jetzt beschriebenen Daten beziehen sich immer auf große Gruppen von Menschen, wobei Sie sich sicherlich

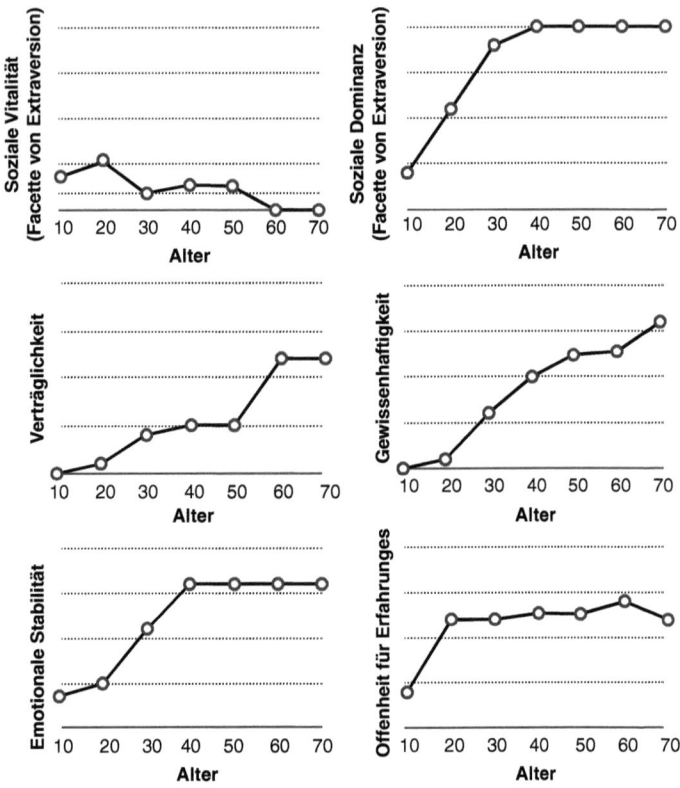

Abb. 8.1 Mittelwert-Veränderungen der menschlichen Persönlichkeit über die Lebensspanne: Es zeigt sich, dass sich die menschliche Persönlichkeit über das Leben hinweg meist zum „Besseren" verändert. Menschen werden mit steigendem Alter gewissenhafter, emotional stabiler und sozial dominanter. Lediglich die Vitalität nimmt ab. (Adaptiert nach Roberts und Mroczek 2008; die Zahlen wurden nur ungefähr übernommen).

die Frage stellen, ob Sie sich persönlich ändern – sich also beispielsweise gegen einen statistischen Trend in der Bevölkerung stemmen können. Diese Frage ist, verglichen mit den Rang- und Mittelwertsveränderungen von Persönlichkeit, aufgrund methodischer Gesichtspunkte bis jetzt leider wenig untersucht worden. „Rangveränderung" beschreibt den gerade genannten Sachverhalt, dass Sie im Vergleich zu den gleichaltrigen Menschen Ihrer Generation, was Ihre Persönlichkeit betrifft, zu unterschiedlichen Zeitpunkten in Ihrem Leben ungefähr die gleiche Position auf dem Kontinuum einer Persönlichkeitsausprägung einnehmen werden: Wenn wir zehn Personen im Hinblick auf Gewissenhaftigkeit messen und eine Reihung vornehmen von Person 1 mit den höchsten bis zu Person 10 mit der niedrigsten Gewissenhaftigkeit, so wird jede der zehn Personen ein paar Jahre später ungefähr seinen Rang behalten, auch wenn sich alle Personen möglicherweise mittlerweile ein wenig mehr gewissenhaft geben. Mit Letzterem, also beispielsweise den Veränderungen der gesamten Kohorte zu gewissenhafteren Menschen, beschreibt man die Mittelwertveränderungen einer ganzen Generation über das Leben hinweg.

Eine Übersichtsstudie von Grant W. Edmonds et al. (2008) hat die genannten Sachverhalte sehr schön mit einer Hafen-Analogie erklärt. Wir alle sind Schiffe in einem Hafen, die Ebbe und Flut ausgesetzt werden. Dadurch kommt es für alle Schiffe je nach Einfluss von Ebbe und Flut zu einem unterschiedlichen Pegelstand des Wassers, wonach sich richtet, wie hoch sie liegen (generelle Veränderungen der Persönlichkeit, Mittelwertsveränderungen in der Bevölkerung). Zusätzlich bleibt aber die Anlegestelle jedes einzelnen Bootes über die vielen Jahre wenig verändert. Übertragen bedeutet dies, dass Sie im Vergleich zu Ihren Mitmenschen z. B. immer ein wenig extravertierter sein werden (sofern Sie ein ausgeprägtes Maß an Extraversion besitzen).

Das Ausmaß, wie Ebbe und Flut den Pegelstand des Wasser beeinflussen, wirkt aber nicht alleine auf die Lage des Schiffes, sondern diese wird auch von der Schwere der Ladung beeinflusst. Das heißt, die Last auf Ihrem Boot beeinflusst, wie stark Ebbe und Flut auf Ihr Boot wirken können. Passend zu dieser zuletzt genannten Analogie kommen wir zurück auf die Frage nach der individuellen Veränderbarkeit. Was macht das Boot schwerer oder leichter?

Edmonds et al. (2008) führen einige Studien an, die zeigen, dass Berufserfolg zu größerer Gewissenhaftigkeit und stärkerer Extraversion führen kann sowie zu geringeren Neurotizismuswerten. Entgegengesetzte Befunde zeigten sich für Menschen, die kontraproduktive Arbeitsweisen an den Tag legten (vgl. Edmonds et al. 2008, S. 408). Natürlich wird unsere individuelle Persönlichkeitsentwicklung auch durch andere dramatische Lebensereignisse wie eine Scheidung und die damit verbundenen Probleme und Empfindungen oder aber auch die generelle Zufriedenheit mit der Partnerschaft beeinflusst. Wie aber bereits erwähnt wurde, ist die Studienlage zu dem Bereich der Möglichkeit, sich persönlich (auch gegen den statistischen Trend) zu verändern, vergleichsweise dürftig. Zusammenfassend kommen Edmonds et al. (2008, S. 410) zu dem Schluss:

> Dramatische Veränderungen der Persönlichkeit mögen durch große Anstrengungen möglich sein, bis jetzt gibt es aber keine empirische Datenlagen, die diese Idee untermauert. Dies bedeutet, dass Sie, wenn Sie keine großen Anstrengungen unternehmen, Ihre Persönlichkeit zu ändern, in zehn Jahren sehr wahrscheinlich immer noch die gleiche Person wie jetzt sein werden. Zusätzlich werden Sie sich aber auch subtil und positiv verändert haben, was Ihre besonderen Erfahrungen widerspiegelt.

> **Zusammenfassung**
>
> Empirische Belege deuten darauf hin, dass „Persönlichkeit" eher stabil ist. Zusätzlich ist zu beobachten, dass sich Persönlichkeitseigenschaften im Alter von Mitte 20 bis Anfang 30 besonders verfestigen. Danach gibt es aber weitere, zumeist subtile Veränderungen, die insgesamt graduell und langsam ablaufen. Über das ganze Leben hinweg tendieren wir dazu, uns eher zu gewissenhafteren und verträglicheren Persönlichkeiten zu verändern. Persönlichkeitsunterschiede innerhalb einer Generation bleiben aber trotz der generellen Mittelwertsveränderungen über das Alter hinweg ungefähr bestehen (d. h. eine besonders gewissenhafte Person wird trotz des generellen Trends zu größerer Gewissenhaftigkeit zumeist ein wenig gewissenhafter als die anderen Personen seiner Generation bleiben). Über die individuellen Möglichkeiten, sich zu verändern, ist aufgrund methodischer Probleme nur unzureichend geforscht worden. Arbeiten wie die von Mischel et al. (1972) über den Marshmellow Test deuten aber darauf hin (siehe auch Kapitel 5), dass wir uns mit Hilfe von kognitiven Strategien gegen unsere Verhaltenstendenzen im Angesicht von vielen Versuchungen des Alltags stemmen können (das Feierabendbier, die Süssigkeiten, wichtige Arbeiten aufgrund von kurzfristigen Ablenkungen aufschieben). Allerdings wird dies uns je nach unserer Persönlichkeit leichter oder schwerer fallen.

Intermezzo: Verändert sich die menschliche Persönlichkeit aufgrund von Demenzerkrankungen?

Zweifelsohne gehören diverse Formen der Demenz zu den schlimmsten Erkrankungen, die wir uns vorstellen können. Gerade in der frühen und bis zur mittleren Phase einer Demenz merken die Patienten selber, wie sie geistig verfallen und immer mehr von ihren wertvollen Erinnerungen verlieren, die einen wesentlichen Bestandteil ihrer Persönlichkeit ausmachen. Natürlich ist dies nicht nur für die Betroffenen selber schlimm, sondern auch eine große Belastung für die Angehörigen, die den schließlich völlig hilflosen Demenzerkrankten pflegen.

Man hat mit gängigen Messmethoden (Fragebogen) der Persönlichkeitspsychologie versucht, Änderungen in der Persönlichkeit aufgrund einer Demenzerkrankung sichtbar zu machen. Unter anderem will man Muster von Persönlichkeitsveränderungen erkennen, die für unterschiedliche Formen der Demenz charakteristisch sind.

In einer aktuellen Studie aus Griechenland (Lykou et al. 2013) konnte gezeigt werden, dass die Persönlichkeitsveränderungen bei der sehr häufigen Alzheimer-Erkrankung und bei MCI-Patienten sehr ähnlich ausfallen. MCI steht für *Mild Cognitive Impairment* und bezeichnet erste Beeinträchtigungen auf kognitiver Ebene wie etwa Vergesslichkeit. Für viele Patienten ist der MCI-Status ein Übergangszustand hin zur Alzheimer-Erkrankung (Drago et al. 2011). In der genannten griechischen Studie zeigte sich, dass die Neurotizismuswerte der MCI und Alzheimer Patienten mit Fortschritt der Erkrankung anstiegen. Dies ist nicht überraschend, denn gerade in der frühen bis mittleren Phase nehmen die Patienten den eigenen geistigen Verfall deutlich wahr. Dies äußert sich natürlich in ängstlichem Verhalten und depressiven Verstimmungen, wie sie oft bei Neurotikern zu sehen sind.

Bei einer anderen Form der Demenz – der frontotemporalen (FT) Demenz – war ein solcher Anstieg nicht zu erkennen. Dies lässt sich möglicherweise durch die bei den untersuchten Demenzen unterschiedlich betroffenen Hirnareale erklären. Bei Alzheimer sind u. a. zunächst die Hippocampus-Regionen im Temporallappen betroffen, bei FT-Demenzen der Frontallappen. Wenig überraschend, zeigten sich auch parallele Persönlichkeitsveränderungen bei allen drei Formen des kognitiven Abbaus (MCI, Alzheimer und FT-Demenz). Alle Patientengruppen waren deutlich weniger gewissenhaft als vor Ausbruch der Erkrankung. Dies ist sehr einfach nachzuvollziehen, denn mit schwindenden geistigen Kräften können wir nicht mehr sorgfältig unseren Alltag bestreiten. Zusätzlich zeigten sich Reduktionen in Extraversion in allen Patientengruppen. Die Studie wurde übrigens mit Ratings (Bewertungen) durchgeführt, die Angehörige über die Patienten anfertigten. Demenzerkrankte sind je nach Fortschritt der Erkrankung nicht mehr dazu in der Lage, sich selber im Hinblick auf die prämorbide Persönlichkeit oder ihren aktuellen Zustand in einem Fragebogen richtig einzuschätzen.

Die Veränderungen in der Persönlichkeit durch eine Demenz sind natürlich extrem und in dieser Stärke zum Glück eher selten anzutreffen. Allerdings gibt es bei vielen, sehr unterschiedlichen Störungsbildern, die ihre Ursache im Gehirn haben – wie z. B. Stottern, multiple Sklerose, Schizophrenie, Depression –, im Vergleich zu gesunden Kontrollpersonen Unterschiede in Persönlichkeitseigenschaften, die mehr oder weniger stark ausfallen können. Zumeist ist nicht geklärt, ob die untersuchten Unterschiede eine Art Disposition (Veranlagung), an einer Krankheit zu leiden, oder eine Folge der Erkrankung darstellen. Zu wenige Studien nutzen die Methoden der längsschnittlichen Forschung, weil dies meist einfach zu aufwendig und zu teuer wäre.

Zusammenfassung

Anhand der Demenzerkrankungen sieht man, dass Erkrankungen des Gehirns zu starken Veränderungen in Persönlichkeitseigenschaften führen können. Auch bei anderen Störungsbildern, die mit dem Gehirn zu tun haben, sind Veränderungen im Vergleich zu gesunden Menschen zu beobachten, die teilweise aber auch sehr subtil ausfallen können.

9
Welche Rolle spielen Genetik und Umwelt für die Persönlichkeit?

Eine Frage, die logisch an die letzten Kapitel anschließt, ist die, ob Persönlichkeit durch Genetik – im Sinne der Erbanlagen – oder durch die Umwelt beeinflusst wird. Durch die Feststellung, dass die Persönlichkeitseigenschaften einer Person einigermaßen stabil sind, ist natürlich klar, dass die Unterschiede, die hinsichtlich der Persönlichkeitseigenschaften zwischen Menschen bestehen, ein Stück weit auf die Genetik zurückzuführen sein müssen. In den 70er Jahren des letzten Jahrhunderts wurde übrigens in der Frage, die diesem Kapitel seinen Titel gibt, eine extrem harte Debatte geführt, in der die Lager Genetik und Umwelt einander unversöhnlich gegenüberstanden. Dies besonders, wenn es um die Einflüsse von Genetik und Umwelt auf die Intelligenz ging. Durch klassische Zwillingsstudien wissen wir heute, dass sowohl die Genetik als auch die Umwelt im Hinblick auf Persönlichkeitseigenschaften (und auch die Intelligenz) einen substanziellen Anteil haben. Auch wenn sich Zwillingsstudien in den genauen Zahlen unterscheiden können, kann man allgemein sagen, dass 40 bis 50 % der Unterschiede zwischen Menschen in den

Persönlichkeitseigenschaften auf genetische Faktoren zurückzuführen sind, der andere Teil auf Umwelteinflüsse – und ein weiterer (kleinerer) Teil auf Messfehler. (Im Hinblick auf Intelligenz sind die Zahlen noch ein wenig höher. Hier findet man Erblichkeitsschätzungen von bis zu 80 %; siehe Übersicht von Arslan und Penke 2015.) Die beschriebene Verteilung auf Genetik und Umwelt ist übrigens für fast alle menschlichen Merkmale mittlerweile in einer sehr großen Meta-Analyse mit über 14 Mio. Zwillingspaaren nachgewiesen worden (Polderman et al. 2015). Zwillingsstudien wie die von Shinji Yamagata et al. (2006) zeigen zudem, dass der Einfluss der Genetik bzw. Umwelt auf die Persönlichkeitsunterschiede in Stichproben aus Nordamerika, Europa und Asien vergleichbar ausfällt.

Wie lässt sich aber durch die Zwillingsforschung überhaupt quantifizieren, wie hoch der Anteil der Genetik oder derjenige der Umwelt ausfällt? Ich gebe dafür ein einfaches Beispiel: Eineiige Zwillinge haben zu 100 % den identischen genetischen Code. Wenn die eineiigen Zwillinge bei der Geburt getrennt worden sind und in unterschiedlichen Umwelten aufwachsen, so müssen Ähnlichkeiten im Erwachsenenalter zu einem wesentlichen Teil auf genetische Effekte zurückzuführen sein. Dieses „natürliche Experiment" kommt eher selten vor, aber auch der Vergleich von beispielsweise eineiigen und zweieiigen Zwillingen gibt Aufschluss in Bezug auf die vorliegende Frage nach dem Einfluss von Genetik und Umwelt auf Persönlichkeit; wenn sich eineiige Zwillinge mit identischem Erbgut deutlich ähnlicher sind als zweieiige Zwillinge, die wie normale Geschwister 50 % des Erbgutes teilen, lassen sich auch hier Geneffekte herausarbeiten.

Heute haben sich die wissenschaftlichen Lager, die Genetik oder Umwelt favorisieren, miteinander versöhnt. In der Regel gehen Wissenschaftler davon aus, dass sowohl Genetik als auch Umwelt für komplexe Phänotypen wie die Persönlichkeit eine wichtige Rolle spielen. Es ist mittlerweile sogar mehr als deutlich, dass Genetik und Umwelt viel stärker „Hand in Hand" gehen, als wir uns das lange vorstellen konnten. Das eine oder das andere auf Dauer alleine zu betrachten führt unabdinglich zu einer sehr limitierten Sichtweise. Auf die Zusammengehörigkeit beider Aspekte werde ich im Intermezzo zu sprechen kommen, das auf Kap. 10 folgt.

Ich möchte dieses neunte Kapitel mit einer Skizze der Zusammenhänge abschließen. Man kann sich den Einfluss von Genetik und Umwelt auf die Persönlichkeit so vorstellen, dass die Genetik einen gewissen Rahmen vorgibt, in welchem wir uns entwickeln können. Die Genetik beinhaltet ja eine Art Blueprint für unseren Körperbau, inklusive den Aufbau des Gehirns etc. Die Umwelt gestaltet dagegen aus, was innerhalb dieses Rahmens geschieht. Wenn wir beispielsweise genügend und das Richtige zu essen bekommen, werden wir größer und gesünder (McEvoy und Visscher 2009).[1] Die falsche Ernährung kann sich dagegen sogar negativ auf unsere psychische Gesundheit auswirken (Vozoris und Tarasuk 2003). Dies zeigt, dass die Predigt eines genetischen Determinismus im Hinblick auf Persönlichkeitseigenschaften genauso falsch ist wie die Genetik komplett außen vor zu lassen. Ist ein Mensch von seiner

---

[1] Hier zeigt sich bereits, dass man sich auch einen etwas flexibleren (und nicht komplett fixierten) Rahmen vorstellen kann.

genetischen Anlage her also eher ängstlich (was übrigens auch Vorteile mit sich bringt, siehe Kap. 16 über Persönlichkeit und Evolution), dann kann die Person natürlich daran arbeiten, mit einigen der persönlichen Ängste besser umzugehen. Ein Draufgänger wird dieser Mensch aber aufgrund seiner genetischen Anlagen kaum werden.

Eine weitere Analogie, die ein besseres Verständnis von Persönlichkeit ermöglicht, kam mir in den Sinn, als ich in meiner Heimatstadt Köln über die Hohenzollernbrücke spazierte. Diese Brücke wird mittlerweile von den Einheimischen „Liebesbrücke" genannt. Liebende Pärchen hängen dort gerne Schlösser mit ihren Namen auf und werfen den Schlüssel in den Rhein. Damit äußern beide Personen symbolisch den innigen Wunsch, dass dieser Schlüssel nie mehr benötigt und die Liebe für immer halten werde. Beim Anblick all der Schlösser kam mir der Gedanke, dass diese wie Individuen aussehen. Die Schlösser sind unterschiedlich groß und haben verschiedene Farben. Zusätzlich unterscheiden sie sich in ihren Formen und wurden teilweise auch umgestaltet (z. B. mit den eigenen Namen versehen). Wenn man genauer hinschaut, erkennt man, dass die Schlösser auch unterschiedlich aussehen, weil sie über viele Jahre der Witterung ausgesetzt waren. Manche sind so robust gebaut – oder haben eine besondere Lackschicht –, dass ihnen Wind und Wetter bis jetzt wenig anhaben konnten. Andere sind dagegen schon stark verrostet. Natürlich wird jedes Schloss, wie stabil und wie sorgfältig gearbeitet es auch sein mag, irgendwann, wenn es lange genug Wind und Wetter ausgesetzt wird, Spuren von Rost zeigen. Vor allen Dingen dann, wenn es ganz vorne hängt und sich nicht hinter anderen „verstecken" kann.

Abb. 9.1 Menschen unterscheiden sich in ihrer Persönlichkeit voneinander – wie sich die Schlösser auf der Hohenzollernbrücke in Köln in Größe, Form und Farbe unterscheiden. Der aktuelle Zustand der Schlösser auf der Brücke ist ein Produkt aus ursprünglichem Blueprint/Herstellungsprozesses (entspricht u. a. der Genetik) sowie den Witterungsbedingungen auf der Brücke (Umwelt). Zusätzlich wurden die Schlösser durch liebende Pärchen umgestaltet, also in ihrem Äußeren beeinflusst (ebenfalls Umwelt).

Diese Schlösser erinnern mich stark daran, dass Menschen von der Genetik eine gewisse Ausrüstung mitbekommen, um beispielsweise mit Stress umzugehen. Wie wir bereits erfahren haben, wird das u. a. durch unsere Persönlichkeit (z. B. das Merkmal Neurotizismus) mitbeeinflusst.

Wir unterscheiden uns alle ein wenig in dem Rüstzeug, das uns Mutter Natur mitgegeben hat, um in unserem Alltag mit Wind und Wetter umgehen zu können (Abb. 9.1).

Wer sich für die unterschiedlichen Gen-Umwelt-Interaktionen interessiert, die psychologische Phänotypen beeinflussen, dem sei ein sehr gut lesbarer Artikel von David Reiss et al. (2013) ans Herz gelegt: „How genes and the social environment moderate each other". Neben der hier dargestellten Interaktion, dass manche Menschen aufgrund ihrer Genetik vulnerabler (also anfälliger) für stressvolle Umwelten sind, gibt es noch einige weitere bedeutsame Wirkmechanismen. Beispielsweise kann einen Menschen die Ausprägung des eigenen Erbgutes sensibler dafür machen, dass er positive Gelegenheiten wahrnehmen bzw. seine Umwelt auch erfolgreich umgestalten kann. Insgesamt fallen Gen-Umwelt-Interaktionen sehr komplex aus und wir sind auch hier erst am Anfang unserer Bemühung, zu verstehen, wie diese beiden Bereiche Persönlichkeitseigenschaften beeinflussen.

> **Zusammenfassung**
>
> Persönlichkeit ist ein Produkt von Genetik und Umwelt. Der Einfluss der beiden Bereiche ist in etwa gleich hoch einzuschätzen. Das neue Forschungsfeld der Epigenetik (siehe Intermezzo nach Kap. 10) wird uns in Zukunft hierüber deutlich mehr Aufschluss geben.

10
Lassen sich auf der DNA genetische Variationen identifizieren, die mit Unterschieden in Persönlichkeitseigenschaften in Zusammenhang stehen?

Wenn nun klar ist, dass die Genetik eine gewisse Rolle für die Ausformung unserer Persönlichkeit spielt, stellt sich die Frage, ob wir Abschnitte auf unserem Erbgut ausfindig machen können, die Persönlichkeitsunterschiede zwischen Menschen erklären. In den letzten Jahren hat sich in der genetischen Forschung viel getan – gerade was die Entschlüsselung der molekulargenetischen Grundlagen der Persönlichkeit betrifft. Tatsächlich ist es einigen Wissenschaftlern gelungen, Abschnitte auf der DNA zu identifizieren, die zumindest im Zusammenhang mit Persönlichkeitseigenschaften wie Ängstlichkeit oder prosoziales Verhalten stehen. Damit diese wissenschaftlichen Studien leichter zu verstehen sind, möchte ich kurz ein paar wichtige Fakten im Hinblick auf Genetik erklären; dadurch sind die Befunde aus der molekularen Persönlichkeitsgenetik dann besser nachzuvollziehen.

Zunächst: In den meisten Zellen unseres Körpers (eine Ausnahme sind die roten Blutkörperchen) findet sich ein Zellkern, der die komplette genomische Information über uns enthält. Unser Erbgut, auch DNS (für Desoxyribonukleinsäure) oder DNA (für „deoxyribonucleic acid") genannt, besteht aus einer Aneinanderreihung von drei Milliarden Basen. Der genetische Code der DNA besteht aus den Buchstaben (Basen) **C**ytosin, **G**uanin, **A**denin und **T**hymin und ist mittlerweile fast jedem geläufig. Spätestens seitdem Craig Venter im Jahr 2001 verkündete, zum ersten Mal das humane Genom ausgelesen zu haben (Venter et al. 2001), ist das menschliche Erbgut mit seinen vier Buchstaben auch in der Popkultur bekannt geworden. Das Erbgut ist in Form von Chromosomen sortiert (Näheres dazu siehe weiter unten).

Vergleichen wir nun den genetischen Code verschiedener Menschen, so überrascht zunächst, dass wir nur sehr wenige Unterschiede finden – obwohl wir so unterschiedlich aussehen und uns offenkundig in unserer Persönlichkeit unterscheiden. Auch wenn die Zahlen in der Forschung hier ein wenig variieren, kann man davon ausgehen, dass die Unterschiede im Hinblick auf den genetischen Code in etwa bei 0,1 % liegen. Die zu beobachtenden Unterschiede, die sich in diesen winzigen Prozentzahlen ausdrücken, sind zum großen Teil auf sogenannte Punktmutationen zurückzuführen; diese lassen aber aufgrund der wahnsinnigen Größe des Genoms natürlich immer noch einen substanziellen Anteil an Variation zu. Punktmutationen beschreiben solche Regionen auf der DNA, wo wir uns nur in einem einzigen Buchstaben unterscheiden. Von besonderem Interesse sind nun solche Mutationen, die eine funktionelle Konsequenz haben, d. h. Einfluss auf den biochemischen Haushalt in unserem Körper (im Hinblick auf Persönlichkeit besonders in unserem Gehirn) nehmen.

Dies ist im Übrigen nicht bei jeder Mutation der Fall, sondern es kommt auf die Lage der Mutation auf dem Genom an. Findet sich beispielsweise eine Mutation an der Stelle eines Gens, wo die Genaktivität eingeleitet wird, ist die Wahrscheinlichkeit, dass diese Mutation funktionell ist, deutlich größer.

Der Begriff des Gens muss ebenfalls kurz eingeführt werden. Damit beschreibt man einen Abschnitt auf der DNA, der die Information bzw. den Bauplan für ein biologisches Produkt/Molekül in unserem Körper enthält. Dieses Produkt basiert beispielsweise auf der genetischen Information für einen Rezeptor im Gehirn, an den ein Botenstoff nach dem Schlüssel-Schloss-Prinzip binden kann, um Informationen zwischen Nervenzellen zu übertragen. Auf unserer DNA gibt es schätzungsweise 25.000 Gene. Mittlerweile ist eine große Anzahl an Mutationen (auf diesen Genen) entdeckt worden, die interindividuelle Differenzen in Persönlichkeitseigenschaften erklären können.

Um zu vermitteln, wie Forscher solche Genvarianten identifizieren, möchte ich ein Beispiel herausgreifen, welches den Forschungsansatz erläutert, aber auch die bestehenden Probleme aufzeigt. Es gibt eine lange Tradition in der biologisch orientieren Persönlichkeitspsychologie, den Botenstoff Dopamin mit Persönlichkeitseigenschaften zu assoziieren (Montag und Reuter 2014). Die Bedeutsamkeit von Dopamin in diesem Kontext ist durch unterschiedliche Forschungsansätze aufgezeigt worden. Unter anderem zeigte sich in Tierstudien, dass das dopaminerge System[1]

---

[1] Hier ist das mesolimbische dopaminerge System gemeint, es gibt mehrere dopaminerge Bahnen im menschlichen Gehirn.

mit Belohnungssensitivität assoziiert ist, man also daraus ableiten kann, wie stark ein Säugetier bzw. der Mensch auf Belohnungen reagiert (Spanagel und Weiss 1997). Andere Studien aus der Psychopharmakologie konnten zeigen, dass z. B. ein überaktives dopaminerges System vor allen Dingen in subkortikalen (unter dem Kortex gelagerten) Hirnarealen mit Schizophrenie assoziiert ist. Es ist auch bekannt, dass es bei der Behandlung des Störungsbildes hilft, wenn ein bestimmter Dopaminrezeptor-Typus pharmakologisch blockiert wird (Davis et al. 1991). So ist es nicht verwunderlich, dass u. a. genetische Variationen im Kontext von Persönlichkeitseigenschaften untersucht werden, die Einfluss auf das dopaminerge System nehmen. Auf diese Art und Weise sind viele genetische Variationen auf Genen mit komplizierten Namen wie COMT, DRD2 oder DRD4 identifiziert worden, die Unterschiede in zumeist selbstberichteten Persönlichkeitseigenschaften erklären können. Zur Illustration will ich an dieser Stelle einen Polymorphismus genauer vorstellen. „Polymorphismus" bedeutet Vielgestaltigkeit; der Begriff bezeichnet eine Stelle auf dem Genom, an welcher bei mindestens 1 % in der Bevölkerung eine Mutation zu beobachten ist. Der Begriff Mutation ist übrigens nicht negativ besetzt. Ohne Mutation hätte es keine Entwicklung von Einzellern zu einem komplexen Wesen wie dem Menschen geben können, d. h. Homo sapiens gäbe es ohne Mutationen nicht.

Eine klassische Genvariation, die mit Unterschieden in der Persönlichkeit assoziiert ist, ist der sogenannte COMT-Val158Met-Polymorphismus. COMT steht für das Enzym Catechol-O-Methyltransferase, das eine wichtige Funktion beim Abbau von Dopamin hat. In Abhängigkeit davon, welche Information auf dem Genom eine Person an dieser Stelle trägt, wird von Natur aus entweder viel oder wenig Dopamin in bestimmten Hirnarealen abgebaut; dies wiederum kann u. a. Konsequenzen für Ängstlichkeit, aber auch kognitive Funktionen haben. Die A-Variante des Polymorphismus wird in einigen Studien mit erhöhter Ängstlichkeit verbunden (siehe eine Übersichtsarbeit von Montag et al. 2012). Besonders eindrücklich sind die Effekte, wenn experimentelle Maße und nicht nur Ergebnisse von Fragebogen hinzugezogen werden. In einer Studie mit 96 Frauen zeigte sich, dass Trägerinnen der A/A-Variante besonders schreckhaft waren (Montag et al. 2008). Die Probanden wurden in dieser Studie einem lauten Ton ausgesetzt, der zuverlässig zu einem Zusammenzucken des Körpers bzw. Erschrecken führt. Die Stärke des Schreckreflexes kann man etwa in Form einer Muskelkontraktion am Auge messen. Im Gegensatz zu Fragebogenverfahren lässt sich dieses Maß nur schlecht verfälschen. Die dargestellten Ergebnisse konnten beobachtet werden, wenn die Frauen stark negativ eingefärbte Bilder sahen (z. B. Unfallszenen) und dann unvorbereitet mit einem lauten Schreckreiz konfrontiert wurden.

Neben dem genannten COMT-Val158Met-Polymorphismus gibt es zahlreiche weitere Genregionen, die bereits mit Unterschieden in Persönlichkeitseigenschaften in Zusammenhang gebracht worden sind. Eine kleine Auswahl, inklusive der Lage auf dem Genom, habe ich in der folgenden Tabelle zusammengetragen. Zur Orientierung: Jeder Mensch besitzt 23 Chromosomenpaare, bestehend aus jeweils 22 Autosomenpaaren und einem Gonosomenpaar (Chromosom 23 ist entweder X oder Y), die das komplette

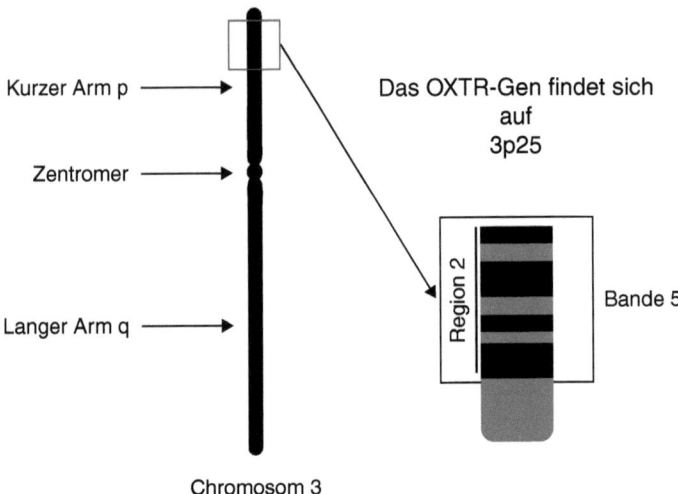

Abb. 10.1 Ein Beispiel: Das OXTR-Gen findet sich auf der Bande 5 in der Region 2 auf dem kurzen Arm von Chromosom 3.

Erbgut beinhalten. Wie gesagt: Diese Chromosomenpaare finden sich im Zellkern unserer Körperzellen. In der mittleren Spalte der folgenden Tabelle finden sich zusätzlich zu der Angabe der Nummer des Chromosoms die Informationen q und p. Das q stellt den langen Arm, das p den kurzen Arms eines Chromosoms dar. Die Zahlen danach beschreiben die Region und die Banden auf den Chromosomen. Die Zahl nach dem Punkt stellt mögliche Unterbanden dar. Je höher die Zahl der Region (erste Zahl nach dem Buchstaben q oder p) ausfällt, desto weiter ist das untersuchte Gen von dem Zentromer entfernt. Als Zentromer beschreibt man die Verengung zwischen dem kurzen und langen Arm eines Chromosoms. Zur besseren Veranschaulichung folgt Abb. 10.1 (Tab. 10.1).

Tab. 10.1 Gene, die bereits mit Persönlichkeitseigenschaften assoziiert worden sind

Name des Gens	Lokalisation	Assoziation mit Persönlichkeit
BDNF	11p13	Negative Emotionalität, Neurotizismus (Montag 2014)
COMT	22q11.21	Negative Emotionalität, Neurotizismus (Montag et al. 2012)
DRD2/ANKK1	11q23	Extraversion (Smillie et al. 2010)
DRD3	3q13.3	Machiavellismus (Montag et al. 2015b)
DRD4	11p15.5	Novelty Seeking (Suche nach Neuem; Okuyama et al. 2000)
MAO-A	Xp11.3	Impulsivität (Passamonti et al. 2006)
OXTR	3p25	Prosoziale Persönlichkeit (Montag und Reuter 2014)
SLC6A4	17q11.2	Neurotizismus (Lesch et al. 1996)
TPH2	12q21.1	Harm Avoidance (Schadensvermeidung; ebenfalls eine Dimension für Ängstlichkeit; Reuter et al. 2007)

Die Tabelle zeigt einige klassische Gene, die bereits häufiger im Kontext unserer Persönlichkeit untersucht worden sind, und deren Lokalisation auf unserem Genom. Auffällig ist das große Interesse daran, Persönlichkeitseigenschaften zu untersuchen, die mit negativer Emotionalität im Zusammenhang stehen. Ein möglicher Grund ist die besondere Relevanz dieser Eigenschaften für die psychologische/psychiatrische Behandlung von Patienten.

> **Zusammenfassung**
>
> Durch den Fortschritt in der Molekulargenetik ist es tatsächlich möglich geworden, genetische Variationen ausfindig zu machen, die Unterschiede zwischen Menschen z. B. im Hinblick auf Ängstlichkeit oder Extraversion erklären können.

Intermezzo: Der Einfluss von Genetik und Umwelt auf die Persönlichkeit

In Kap. 9 habe ich bereits darauf hingewiesen, dass sowohl Genetik wie auch Umwelt eine wichtige Rolle bei der Ausprägung von Persönlichkeitseigenschaften spielen. Im letzten Kapitel wurde dagegen bislang herausgearbeitet, dass bestimmte genetische Marker mit Unterschieden in der Persönlichkeit assoziiert sind. Dies ist selbstredend ein sehr vereinfachtes Modell.

Eine bahnbrechende Studie aus dem Jahr 2003 von Avshalom Caspi und Kollegen zeigte, wie eine solche Gen-Umwelt-Interaktion aussehen könnte. Caspi untersuchte in seiner Studie eine Mutation mit dem Namen 5-HTTLPR, was die Abkürzung für den Serotonin-Transporter-Polymorphismus ist (mehr über den Serotonin-Transporter in Kap. 13). Die hier untersuchte Mutation beeinflusst die Funktionsweise des Serotonin-Transporters und spielt im Hinblick auf negative Emotionalität eine wichtige Rolle. Der Serotonin-Transporter ist eine wichtige Struktur an einer Nervenzelle, um den Serotoninhaushalt zu regulieren; Serotonin ist ein wichtiger Botenstoff, mit dem Nervenzellen untereinander kommunizieren können. Die kurze Variante dieses Polymorphismus ist mit erhöhten

Neurotizismuswerten assoziiert worden (Lesch et al. 1996). „Kurze Variante" bedeutet in diesem Fall, dass es eine genomische Ausprägung gibt, in der ein Stück der DNA fehlt (s-hort), bzw. eine Variante, wo ein Einschub festzustellen ist (l-ong). Die Studie von Caspi et al. (2003) zeigte nun, dass die kurze Variante (s) mit einer größeren Wahrscheinlichkeit verbunden ist, unter einer Depression zu leiden – allerdings nur, wenn eine Person in der Kindheit beispielsweise sexuellen bzw. emotionalen Missbrauch erfahren hat. Ohne ein solch schlimmes, negatives Ereignis zeigte sich in der Studie keine deutlich erhöhte Wahrscheinlichkeit, im Erwachsenenalter unter einer Depression zu leiden. Die Ergebnisse dieser Studie sind in Abb. 10.2 dargestellt.

Aufbauend auf Ergebnissen wie denen von Caspi et al. (2003), werden nun epigenetische Analysen durchgeführt. Die Epigenetik untersucht auf molekularer Ebene, wie die Umwelt die Genaktivität reguliert: Die DNA ist in den Zellkernen sehr dicht gepackt, um die hohe Dichte an Informationen überhaupt auf dem dortigen geringen Platz unterbringen zu können. Dies bedeutet, dass nicht jeder Abschnitt der DNA mit seinen Bauplänen für unterschiedliche Körperprodukte – wie z. B. einen Rezeptor im Gehirn – jederzeit ablesbar ist; „ablesbar" bedeutet, dass unser Körper „nachschauen" kann, wie ein bestimmtes Molekül zusammengebaut werden muss. Und hier kommen die Umweltfaktoren ins Spiel. Umwelteinflüsse wie Stress, die Art der Ernährung, Sporttätigkeiten, Urbanität (Leben in der Stadt vs. Land) etc. können u. a. Auswirkungen auf die Methylierungsmuster in den Promoterregionen der Gene haben. Promoter beschreiben die Regionen auf einem Gen, an denen die Genaktivität eingeleitet wird. Ein methylierter

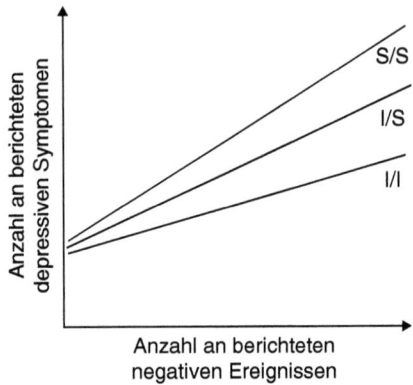

Abb. 10.2 Träger der kurzen Variante (s) haben im Vergleich zu Trägern der langen Variante (l) für den Genort 5-HTTLPR ein erhöhtes Risiko, an einer Depression zu erkranken, allerdings nur dann, wenn besonders negative Erlebnisse wie sexueller Missbrauch berichtet wurden. Dadurch, dass man eine Kopie jeweils von Vater und Mutter erbt, kann man eine oder zwei Kopien der jeweiligen Genausprägung vererbt bekommen. (Adaptiert nach Caspi et al. 2003).

Zustand beschreibt den geschlossenen Zustand eines Gens, d. h. eine Information kann nicht abgelesen werden. Die Epigenetik beschäftigt sich nun mit der Frage, wie Umwelteinflüsse Geninformationen verfügbar machen.

Zusammenfassung

Durch die rasanten Entwicklungen in der Genetik lassen sich nun auch Effekte der Gen-Umwelt-Interaktion auf molekularer Ebene untersuchen, um Ausprägungen von Persönlichkeitseigenschaften und die Anfälligkeit für affektive Erkrankungen wie eine Depression vorherzusagen.

11
Ermöglichen genetische Daten Vorhersagen in Bezug auf die Persönlichkeit einzelner Personen?

Viele kommerzielle Anbieter machen interessierten Menschen das Angebot, ihre Genproben an sie einzusenden, mit dem Versprechen, ihnen dann genetische Informationen rückzumelden. Unter anderem stehen einige dieser Informationen auch mit Persönlichkeitseigenschaften im Zusammenhang. Dabei ist jedoch wichtig zu verstehen, dass eine Persönlichkeits-Individualdiagnostik mit den genetischen Informationen nicht möglich ist. Bei Persönlichkeitseigenschaften handelt es sich um einen psychologischen Phänotyp, der nicht monogenetisch beeinflusst wird. Ein monogenetischer Einfluss würde bedeuten, dass eine einzelne genetische Ausprägung ausreicht, um vorherzusagen, ob eine Person beispielsweise geizig ist oder nicht. Tatsächlich gibt es Erkrankungen wie die Chorea Huntington – eine schwere neurologische Bewegungsstörung, die unausweichlich zum Tod führt –, bei denen genau dies der Fall ist.

Die Annahme, eine einzelne genetische Variante reiche nicht aus, um daraus abzuleiten bzw. vorherzusagen, welche Persönlichkeit ein Mensch hat, lässt sich durch viele Fakten

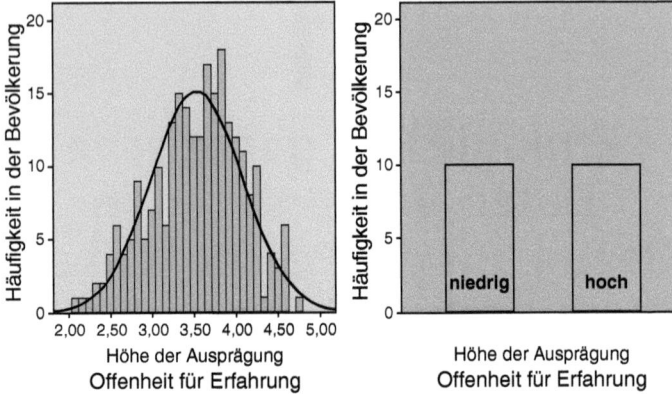

Abb. 11.1 Auf der *linken* Seite zeigt sich, dass viele Persönlichkeitsdimensionen normal verteilt sind. Dies bedeutet, dass viele genetische Varianten mit geringer Bedeutung auf die Persönlichkeit Einfluss nehmen. Wäre lediglich eine genetische Variante zur Erklärung der Persönlichkeit vonnöten, müsste sich eine Ausprägung mit zwei Balken (niedrig/hoch) wie auf der *rechten* Seite der Abbildung ergeben. Dies entspricht jedoch nicht der Realität. Zur einfacheren Illustration habe ich an dieser Stelle den Einfluss der Umwelt nicht berücksichtigt. Zusätzliche Erläuterung: Die Häufigkeitsverteilung im rechten Teil der Abbildung ist nicht bedeutsam – es geht hier lediglich um die Illustration des fiktiven Gedankens einer niedrigen (links) und hohen (rechts) Persönlichkeitsausprägung in Abhängigkeit von einer einzelnen genetischen Variante.

belegen. Wie die Zwillingsforschung zeigt, spielen sowohl die Genetik als auch die Umwelt eine wichtige Rolle. Eine alleinige genetische Betrachtungsweise ist limitiert. Zudem nähert sich die Ausprägung von vielen Persönlichkeitseigenschaften in ausreichend großen Stichproben einer Normalverteilung an. Wenn Sie also einen Fragebogen an eine ausreichend große Anzahl an Personen austeilen, erhielten Sie mit großer Wahrscheinlichkeit die Verteilung auf der linken Seite von Abb. 11.1 (in Anlehnung an Montag et al. 2012).

In Abb. 11.1 wird deutlich, dass die meisten Menschen angeben, z. B. eine mittlere Offenheit für Erfahrungen zu haben (dies bedeutet „Normalverteilung"). Zu den extremen Enden hin werden es immer weniger Menschen, die sich dort einordnen, also etwa angeben, dass sie besonders wenig oder besonders offen sind. Würde eine einzelne genetische Variante diese Unterschiede erklären, würden wir zwei Balken sehen – mit einer hohen und niedrigen Ausprägung (siehe rechte Seite der Abbildung). Dies ist jedoch nicht der Fall. Des Weiteren muss berücksichtigt werden, dass viele genetische Varianten die Persönlichkeit eben nicht alleine, sondern in einem komplexen und nur völlig unzureichend verstandenen „Konzert" mit anderen genetischen Informationen beeinflussen. Diese Gen-Gen-Interaktionseffekte werden nur dann sichtbar, wenn die Informationen von unterschiedlichen Regionen auf der DNS zeitgleich betrachtet werden.

Eine Schätzung vorzunehmen, wie viele genetische Varianten benötigt werden, um die menschliche Persönlichkeit zu entschlüsseln, ist nicht möglich. Klar ist mittlerweile allerdings, dass einzelne genetische Variationen üblicherweise nur einen sehr kleinen Anteil der menschlichen Persönlichkeit erklären, sodass möglicherweise Hunderte solcher Variationen Einfluss nehmen können. Dies bedeutet aber auf der anderen Seite auch, dass Hunderte von Personen untersucht werden müssen, um die „Nadeln im Heuhaufen" zu finden.

Man könnte sich auch vorstellen, dass ein solche „Persönlichkeitsgenvariante" von der Größe her einer Streichholzschachtel gleicht, die auf einer Insel vergraben ist. Es müssen sehr viele Leute auf die Insel geschickt werden, die dabei helfen, diese kleine Schatztruhe zu finden. Damit wird auch deutlich, dass genetische Varianten, die mit Persönlichkeitseigenschaften im Zusammenhang stehen, nur in sehr großen Stichproben sichtbar gemacht werden können und damit keine Individualdiagnostik möglich ist, wie ich zu Anfang dieses Kapitels geschrieben habe! Da einzelne „Persönlichkeitsgenvarianten" nur kleine Unterschiede zwischen Menschen verantworten, werden diese nur in sehr, sehr großen Stichproben sichtbar.

Am Ende dieses Kapitels möchte ich noch darauf hinweisen, dass es keine reinen Gene gibt, die nur etwas mit Persönlichkeit zu tun haben. Üblicherweise beobachten Wissenschaftler pleiotrope Effekte. Hiermit ist gemeint, dass sich eine genetische Variante auf unterschiedliche Phänotypen wie Emotion oder Kognition auswirken kann.

Zusammenfassung

Von unserer DNA lassen sich nach dem aktuellen Stand der Dinge nur Vorhersagen auf Persönlichkeitseigenschaften größerer Populationen machen. Erwähnenswert ist auch, dass sich viele Ergebnisse nicht gut replizieren (also von anderen Forschern in ihren Arbeiten wiederholt beobachten) lassen. Probleme in der Replizierbarkeit sind u. a. auf zu kleine Stichproben in vielen Studien zurückzuführen oder auch auf unterschiedlich eingesetzte Fragebogen-Inventare zur Messung der Persönlichkeit. Eine Persönlichkeitsdiagnostik auf Individualebene ist mit Hilfe von genetischen Informationen nicht möglich!

12
Ist es möglich, anhand von Hirnscans darauf zu schließen, wie die Persönlichkeit einer Person aussieht?

Es gibt eine lange Tradition in der Medizin und Psychologie, die Größe des Gehirns – bzw. ganz zu Beginn der Wissenschaftsdisziplinen z. B. den Kopfumfang oder bestimmte „Dellen" (bumps) auf dem Schädel – mit Persönlichkeitseigenschaften in Zusammenhang zu bringen. Der Arzt Franz Joseph Gall (1758–1828) hatte die Vorstellung, dass unter den Dellen mehr Hirngewebe zu finden sein müsste und dadurch auch Eigenschaften von Menschen erklärt werden könnten. Diese Art der Untersuchung ist als Phrenologie bekannt geworden und hat sich als wissenschaftlich falsch erwiesen (Simpson 2005). Insgesamt hatte sich die Phrenologie zum Ziel gesetzt den Geist (= phrenos) einer Person durch äußere Merkmale des Schädels studieren zu können, weil die fälschliche Annahme getroffen wurde, dass die Form eines Schädels Einblicke in die Form des Gehirns gewähre. Neben Franz Gall war sein Schüler Johann Gaspar Spurzheim (1776–1832) ein besonders wichtiger Vertreter der Phrenologie.

Obwohl diese ersten Versuche, sich den biologischen Grundlagen der Persönlichkeit mit phrenologischen Me-

Abb. 12.1 Auf der linken Seite ist Phineas Gage mit der Eisenstange zu sehen, die ihm bei einem Arbeitsunfall durch das Gehirn geflogen ist (aus der Sammlung von Jack und Beverly Wilgus). Auf der rechten Seite zeigt sich die Eintritts- und Austrittsstelle der Eisenstange (Zeichnung von Ingrid Montag-Schoenenberg, adaptiert von einer Abbildung von Gages Arzt John Martyn Harlow 1868). Heute wissen wir, dass sich die Eisenstange durch Teile des präfrontalen Kortex bewegt hat.

thoden anzunähern, keinen Erfolg hatten, leben wir im 21. Jahrhundert in einer Zeit, in der wir nach wie vor der (sinnvollen) Idee folgen, Persönlichkeit im Gehirn bzw. bestimmten Hirnarealen zu verorten. Zur Untermauerung dieser Idee gibt es eindrückliche Beispiele aus der Neurologie, die auf historische Fallstudien zurückgehen. Eines der berühmtesten Fallbeispiele ist das von Phineas Gage (1823–1860), der im 19. Jahrhundert für eine amerikanische Eisenbahngesellschaft arbeitete und einen fürchterlichen Unfall erlitt (H. Damasio et al. 1994) (Abb. 12.1).

Durch das Explodieren von Dynamit flog ihm eine Eisenstange durch Teile des präfrontalen Kortex (H. Damasio et al. 1994). Gage überlebte den Unfall, zeigte aber eine deutliche Wesensveränderung. Obwohl seine Intelligenz nach dem Unfall im Wesentlichen erhalten blieb, wurde er unzuverlässig und aufbrausend. Vieles, was über Gages Veränderungen im Hinblick auf seine Persönlichkeit berichtet wurde, ist Spekulation und kann nicht mehr überprüft werden, weil die Ereignisse so lange zurückliegen. Es gibt aber mittlerweile viele Berichte aus der Medizin, die eindrücklich zeigen, dass nach Unfällen, die das Gehirn verletzen, oder nach Schlaganfällen Veränderungen in den Persönlichkeitseigenschaften zu beobachten sind (siehe auch das Intermezzo nach Kap. 8 über Demenz und Persönlichkeitsveränderungen). Die Veränderungen fallen je nach betroffenem Hirnareal unterschiedlich aus. Das heißt, unsere Persönlichkeit entsteht aus unserem Gehirn und Unterschiede in der Größe bzw. in Aktivitätsmustern könnten erklären, warum sich Personen in ihrer Persönlichkeit unterscheiden.

Eine der mittlerweile gängigsten Techniken, um das Gehirn und die Persönlichkeit zu untersuchen, stellt die Magnetresonanztomographie (MRT) dar. Hier können entweder strukturelle Scans von Probanden angefertigt werden, wobei die Gehirne dann im Hinblick auf die Größe des ganzen Gehirns, die Größe bestimmter Hirnareale oder hinsichtlich der strukturellen Verbindungen zwischen bestimmten Hirnarealen untersucht werden. Solche Studien konnten u. a. zeigen, dass hohe Neurotizismuswerte mit geringeren globalen Hirnvolumen assoziiert sind[1] oder dass die Seepferdchen-Struktur (Hippocampus)[2] in unseren Temporallappen bei ängstlichen Menschen kleiner ausfällt (vgl. z. B. Liu et al. 2013; Montag et al. 2013). Allerdings gibt es auch in diesem Bereich der Forschung große Replikationsprobleme. So konnten viele Ergebnisse der Studie von Colin G. DeYoung et al. (2010) nur teilweise in anderen Studien wiederholt beobachtet werden. Die Forscher aus den USA zeigten deutliche Zusammenhänge zwischen dem Fünf-Faktoren-Modell der Persönlichkeit und Unterschieden in Hirnstrukturen in mehreren Arealen des Gehirns. Aufgrund der Bedeutung der Studie sind ihre wesentlichen Ergebnisse in Abb. 12.2, die aus der Studie stammt, dargestellt.

Mit der funktionellen Magnetresonanztomographie (fMRT) untersucht man das Gehirn, während es arbeitet. Hier liegen die Probanden in der Röhre und sehen über eine Videobrille z. B. Bilder mit lachenden oder ängstlichen Gesichtern. Dabei konnte der Forscher Turhan Canli gemeinsam mit seinen Kollegen beobachten, dass die Mandelkerne[3] in unserem Gehirn bei extravertierten Menschen

---

[1] Ergänzend ist interessant, dass auch Hirnvolumen mit Intelligenz im Zusammenhang stehen. Der Zusammenhang fällt hier jedoch positiv aus (je mehr Volumen, desto höher die Intelligenz; Pietschnig et al. 2015). Die Zusammenhänge sind genauso wie beim Neurotizismus nicht besonders stark ausgeprägt, allerdings statistisch bedeutsam.

[2] Dieses Hirnareal trägt seinen Namen, weil es mit ein bisschen Fantasie einem Seepferdchen ähnelt. Heutzutage ist bekannt, dass der Hippocampus zahlreiche Funktionen hat. So ist er das Navigationssystem unseres Gehirns, umfasst aber auch andere Gedächtnisfunktionen. Der Hippocampus reagiert stark auf Stress.

[3] Die Mandelkerne in unserem Gehirn sind auch unter dem Begriff Amygdala bekannt. Sie liegen direkt vor dem Hippocampus. Teile der Mandelkerne spielen eine wichtige Rolle beim Auslösen der Emotion Furcht in unserem Körper. Sie haben aber auch weitere Funktionen. Immer wenn es um die Einfärbung eines Sachverhaltes mit emotionalen Inhalten geht (deutlich vereinfacht: damit etwas überhaupt als emotional erlebt wird), scheint die Amygdala beteiligt zu sein.

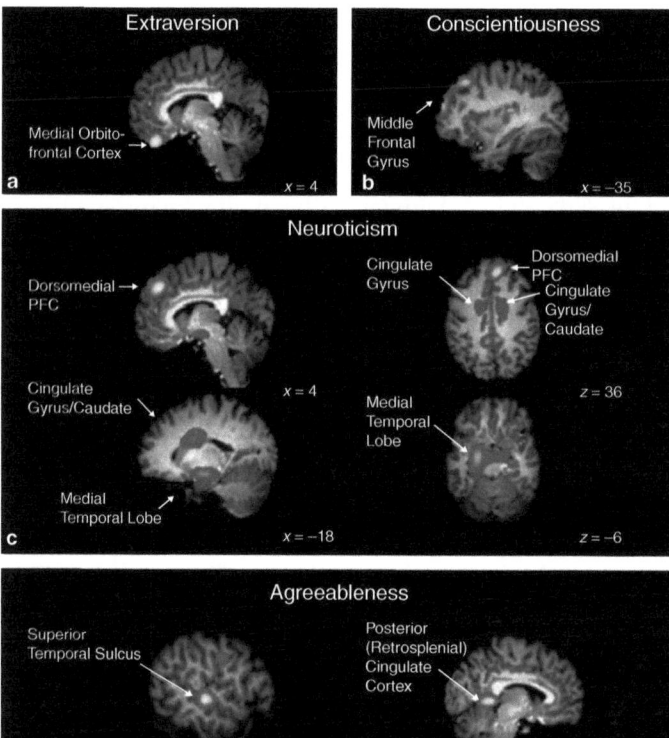

Abb. 12.2 a Mehr Volumen im medialen oribitofrontalen Kortex steht mit mehr Extraversion im Zusammenhang. b Es gibt eine positive Assoziation zwischen Volumen des mittleren frontalen Gyrus und Gewissenhaftigkeit. c U. a. zeigte sich eine Zusammenhang zwischen erhöhten Neurotizismuswerten und geringeren Volumen im dorsomedialen präfrontalen Kortex und mittlerem Temporallappen. d Es besteht ein positiver Zusammenhang zwischen posteriorem cingulären Kortex und Verträglichkeit, zusätzlich ein negativer Zusammenhang mit dem superioren temporalen Sulcus. Anmerkung: Ergebnisse für Offenheit traten in der Studie ebenfalls auf, sind hier aber nicht dargestellt. (DeYoung et al. 2010).

bei der Beobachtung von lachenden Gesichtern stärker aktiviert werden als die introvertierter Menschen (Canli et al. 2002). Extravertierte Menschen scheinen also mit diesem für Emotionen wichtigen Hirnareal stärker auf positive emotionale Stimuli zu reagieren.

Übrigens stellen Untersuchungen des Gehirns mittels bildgebender Verfahren insgesamt eine sehr gute Möglichkeit dar, eine der bedeutendsten Theorien der biologischen Persönlichkeitsforschung zu überprüfen. Der berühmte Psychologe Hans Jürgen Eysenck (geboren 1916 in Berlin, gestorben 1997 in London) ging in seiner Theorie davon aus, dass extravertierte Menschen sich im Vergleich zu introvertierten Menschen mehr durch äußere Umweltreize stimulieren müssen, um auf ihren optimalen hedonischen Tonus zu gelangen; dieses Modell ist auch als Arousaltheorie bekannt geworden (Eysenck 1967; Matthews und Gilliland 1999). Ein Beispiel: Nach Eysencks Theorie will ein extravertierter Mensch lauter Musik hören, um das gleiche Wohlbefinden zu erfahren, welches ein introvertierter Mensch bereits bei einer niedrigeren Lautstärke empfindet. Der hedonische Tonus beschreibt das Wohlbefinden einer Person. Da nach Eysenck das Erregungsniveau (Arousal) im Ruhezustand bei extravertierten im Vergleich zu introvertierten Menschen geringer ausfällt, muss bei Ersteren von der Umwelt mehr Input geliefert werden, damit das optimale Wohlbefinden erreicht werden kann. Wenn man so will, müssen extravertierte Menschen ihre Untererregung kompensieren. Die hier vorgetragene Idee mit Hinblick auf die Lautstärke beim Musikhören muss allerdings noch im Labor überprüft werden. Eine Studie von Cliff Franklin et al. (2013) zeigte entgegen der Eysenckschen Annahmen in einem leicht anderen Kontext, dass sowohl gewissenhafte und wenig offene Menschen weniger Hintergrundgeräusche ertragen, wenn sie einem Nachrichtensprecher folgen sollten. Extraversion spielte hier keine Rolle.

Was wissen wir noch über die Biologie der Extraversion? Die neuroanatomische Basis des Introversion-Extraversion-Kontinuums stellt nach Eysenck das sogenannte aufsteigende retikuläre Aktivierungssystem mit Projektionen in den Kortex dar. Dieser Verbund aus mehreren Hirnarealen wird von Eysenck kurz ARAS genannt. Hier wird seiner Idee nach das Erregungsniveau in unserem Gehirn ausgelöst. Passend zu seiner Arousaltheorie konnte eine neue Studie von Michael Schaefer et al. (2012) zeigen, dass bei introvertierten Menschen eine stärkere Aktivität im somatosensorischen Kortex beobachtet werden konnte, wenn sie während der Untersuchung innerhalb eines Magnetenzephalographie-Scanners (ein weiteres bildgebendes Verfahren des Gehirns) nur leicht an ihren Fingern berührt wurden. Eine leichte Berührung reichte bei den Introvertierten also schon aus, um im Gehirn ein stärkeres Signal als bei Extravertierten auszulösen. Der somatosensorische Kortex stellt das Areal dar, wo wir im Gehirn besonders stark auf Berührung in unterschiedlichen Bereichen unseres Körpers reagieren. Dieses Beispiel zeigt, dass sich mit modernen Methoden der Hirnforschung nun auch klassische Theorien der Persönlichkeitspsychologie überprüfen lassen.[4]

---

[4] Eysenck hatte auch Ideen, wie es zu Unterschieden in der Persönlichkeitseigenschaft Neurotizismus kommt. Er ging davon aus, dass eine höhere Erregbarkeit des limbischen Systems bei Neurotikern zu beobachten sein sollte. Das lateinische Wort „Limbus" bedeutet „Saum". Das limbische System ist eine saumartige Struktur in unserem Gehirn, innerhalb welcher viele für unser emotionales Erleben wichtige Hirnstrukturen zu finden sind. Auch hier gibt es fMRT-Studien, die Teile der Eysenck'schen Theorie validieren konnten. Beispielsweise zeigten Coen et al. (2011), dass Neurotiker bei der Antizipation von Schmerzen – im Vergleich zu emotional stabilen Teilnehmern der Studie – mit deutlich erhöhter Aktivität in vielen Arealen des limbischen Systems reagierten.

Ähnlich wie in der Molekulargenetik ist es aber auch mit der bildgebenden Untersuchung des Gehirns insgesamt noch nicht möglich, ausgehend von Hirnscans zuverlässige Vorhersagen in Bezug auf die Persönlichkeit einer Person im Sinne einer Individualdiagnostik zu machen. Auch hier wird, wie in der Genetik, immer eine große Anzahl an Probanden untersucht, um die oben geschilderten Zusammenhänge aufzuzeigen. Der Fortschritt in der Hirnforschung ist jedoch rasant. So gibt es immer leistungsstärkere MRT-Scanner, die immer bessere Bilder des Gehirns anfertigen können. Dadurch bekommen wir in Zukunft genauere Informationen, die auch bessere Vorhersagen im Hinblick auf Persönlichkeit ermöglichen könnten.

Zusammenfassung

Mittlerweile sind Unterschiede in der Hirngröße, aber auch in Aktivierungsmustern des Gehirns mit Persönlichkeitseigenschaften in Verbindung gebracht worden. Es wird in Zukunft darauf ankommen, die komplexe Interaktion zwischen unterschiedlichen Hirnarealen aufzudecken, um Persönlichkeitseigenschaften besser vorhersagen zu können. So einfach, dass man annehmen könnte, wenn ein bestimmtes Hirnareal kleiner oder größer sei, so entspräche das einer bestimmten Persönlichkeitseigenschaft, ist es nicht. Der Gedanke „Same brain – same personality" ist aber nach wie vor für die Forschungslage in diesem Bereich bestimmend. Ähnlich wie in der Genetik und ihrer Forschung lassen sich momentan auch aufgrund von Hirnscans keine zuverlässigen Rückschlüsse auf die Persönlichkeit im Sinne einer Individualdiagnostik ziehen! Zu beachten ist auch, dass unterschiedliche komplexe Interaktionen zwischen Hirnarealen zur gleichen Persönlichkeitsstruktur führen könnten.

13
Welche Botenstoffe in unserem Gehirn beeinflussen unsere Persönlichkeit?

Die Psychopharmakologie beschäftigt sich mit der Frage, mit welchen Medikamenten sich Störungsbilder wie die Schizophrenie oder die Depression behandeln lassen. Da sich herausgestellt hat, dass bei schizophrenen Patienten in manchen Bereichen des Gehirns ein Dopaminüberschuss besteht, lässt sich die Schizophrenie behandeln, indem man an der passenden Stelle die dopaminerge Kommunikation unterbindet (Nervenzellen können über diesen Botenstoff kommunizieren). Dadurch können u. a. Symptome wie Halluzinationen und paranoide Denkstörungen reduziert werden.

Mittlerweile hat sich in der Psychologie und der Psychiatrie der „Kontinuumsgedanke" durchgesetzt (z. B. Verdoux und van Os 2002). Das bedeutet: Es wird in der Forschung immer mehr davon Abstand abgenommen, Menschen in die Kategorie krank bzw. nicht krank einzuteilen. Natürlich muss der psychologische Psychotherapeut (Psychologe) bzw. der Psychiater (Mediziner) irgendwann eine solche Kategorisierung vornehmen, um eine geeignete Behandlung einleiten zu können. Aus Sicht der Grundlagenforschung tendieren Menschen dagegen mehr oder weniger in die eine oder andere Richtung des Kontinuums. Von daher ist es nicht überraschend, dass ein erhöhter Dopaminspiegel in bestimmten Hirnarealen im gesunden Bereich auch mit erhöhten schizotypen Persönlichkeitseigenschaften assoziiert ist (vgl. z. B. Howes et al. 2011). Von einer schizotypen Persönlichkeit spricht man bei Menschen, die u. a. magisches (bizarres) Denken zeigen, aber auch unnahbar und desorganisiert wirken (Raine und Benishay 1995).

Übrigens gibt es im Gehirn insgesamt vier unterschiedliche Bahnen, in denen der Botenstoff Dopamin eine wichtige Rolle spielt, aber auch mit unterschiedlichen Hirnfunktionen assoziiert ist. So ist Dopamin beispielsweise eine wichtige Basis für motiviertes Verhalten. Das heißt, es ist eine Art „Go get it"-Botenstoff, der Menschen im Alltag energetisieren kann. Wenn dieses System in unserem Gehirn aktiviert wird, fühlen wir uns voller Kraft und Tatendrang.

Neben Dopamin ist Serotonin ein weiterer wichtiger Botenstoff, der mit Unterschieden in Persönlichkeitseigenschaften in Zusammenhang gebracht worden ist. Die Idee dafür kommt u. a. wieder aus der psychiatrischen Forschung. In klassischen Studien wie der von Lars Lidberg et al. (1985) konnte gezeigt werden, dass Menschen, die Suizid begehen, im Vergleich zu Kontrollpersonen geringere Mengen des Metaboliten 5-Hydroxyindolylessigsäure (5-HIAA) in der Cerebrospinalflüssigkeit (Hirn-Rückenmarks-Flüssigkeit) aufwiesen. Als Metaboliten bezeichnet man Stoffwechselprodukte. 5-HIAA ist ein Abbauprodukt von Serotonin. Das heißt, die Gehirne der suizidalen Menschen wiesen einen Serotonin-Mangel auf. Passend zu diesen Befunden werden depressive Patienten mit sogenannten Serotoninwiederaufnahme-Hemmern behandelt. Diese blockieren die Serotonin-Transporter in der Präsynapse, die normalerweise die Wiederaufnahme von Serotonin in ein Neuron (Nervenzelle) ermöglichen. Die Präsynapse liegt auf der einen Seite des synaptischen Spalts. Dieser ist die Lücke, die zwischen zwei Nervenzellen überbrückt werden muss, um Informationen von einer Nervenzelle zu einer anderen Nervenzelle mit Hilfe von chemischen Molekülen (Botenstoffe bzw. Neurotransmitter) weiterzureichen (zur besseren Veranschaulichung siehe auch Abb. 13.1). Durch das Blockieren des Transporters wird künstlich der Serotonin-Spiegel erhöht und die Depression behandelt.

Diese Befunde deuten darauf hin, dass Serotonin einen für ein Verständnis von negativer Emotionalität wichtigen Botenstoff im Gehirn darstellt und somit auch im Zusammenhang von Unterschieden in Persönlichkeitseigenschaften wie Neurotizismus von Bedeutung sein könnte. Eine Untersuchung von Alec Roy (1999) bei depressiven Patienten zeigte, dass die Persönlichkeitseigenschaft „Neurotizismus" mit 5-HIAA-Spiegeln korreliert (unerwarteter Weise positiv). Niedrige Serotonin-Spiegel werden übrigens auch mit aggressiven Verhaltensweisen in Zusammenhang gebracht (Siever 2008). Dies passt insofern zu den Depressionsbefunden, als mit Depressionen auch autoaggressive Tendenzen – im schlimmsten Fall Selbstmord – verbunden sein können.

Ein weiterer „Kandidat" in der biologischen Erforschung der Persönlichkeit ist das Hormon Oxytocin (siehe auch Kap. 6), welches bei der Frau in Bezug auf die Weheneinleitung wie auch den Milchfluss eine wichtige Rolle spielt (Soloff et al. 1979; Kelly und Tan 2001). Oxytocin wird aber nicht nur im weiblichen, sondern auch im männlichen Gehirn produziert. Von daher könnte es weitere wichtige

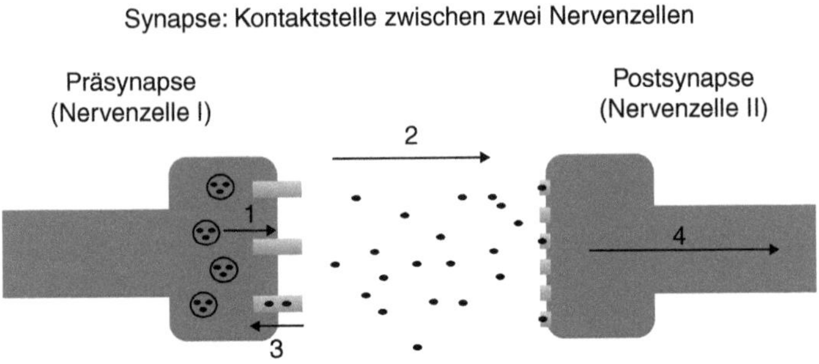

Synapse: Kontaktstelle zwischen zwei Nervenzellen

Abb. 13.1 Kommunikation zwischen zwei Nervenzellen: Die Kommunikation zwischen Nervenzelle I und Nervenzelle II wird über chemische Botenstoffe (Neurotransmitter) sichergestellt; innerhalb der beiden Nervenzellen läuft die Kommunikation jeweils elektrisch ab. Der Begriff Synapse in der Abbildung beschreibt die hier dargestellte Kontaktstelle zwischen beiden Nervenzellen. Die einzelnen Nummern in der Abbildung werden im Folgenden erläutert. 1. Nervenzelle I bekommt das Signal einer anderen Nervenzelle (nicht abgebildet) und beginnt Botenstoffe (Neurotransmitter) aus den Vesikeln (Transportgefäße) in den synaptischen Spalt auszuschütten. 2. Neurotransmitter „schwimmen" durch den synaptischen Spalt. 3. Der Botenstoff kann über Transporter-Strukturen (wie eine Art Kanal oder Tunnel) wieder in die Präsynapse von Nervenzelle I aufgenommen werden, sodass er nicht die andere Seite der Synapse und damit Nervenzelle II erreichen kann. 4. Falls der Botenstoff an der Postsynapse auf den Rezeptor passt und genügend Botenstoffe auf diese Art und Weise andocken, wird ein Signal innerhalb der Nervenzelle II ausgelöst und zur nächsten Kommunikationsstelle mit einer anderen Nervenzelle (Synapse) getragen.

Funktionen, u. a. für das menschliche Sozialverhalten und damit auch für Persönlichkeitseigenschaften haben. Eine bahnbrechende Studie von Michael Kosfeld et al. (2005) aus dem Bereich der Neuroökonomik legte offen, dass Oxytocin in zwischenmenschlichem Vertrauen eine Rolle spielt. In der Neuroökonomik werden die biologischen Grundlagen von finanziellen Entscheidungssituationen untersucht. Unter dem Einfluss von Oxytocin, welches über die Nase geschnupft bzw. gesprayt wurde, überwiesen Investoren einer zuvor unbekannten Person mehr Geld als unter der Kontrollbedingung (siehe auch Nave et al. 2015 bzgl. Replikationsproblemen). Aus der Bildgebung des Gehirns ist mittlerweile bekannt, dass Oxytocin die Mandelkernaktivität bei der Verarbeitung von negativen Gesichtsausdrücken runterreguliert (Kirsch et al. 2005).

Ausgehend von diesen Ergebnissen ist zu vermuten, dass Vertrauen nach mehreren Interaktionen zwischen Personen durch die Ausschüttung von Oxytocin im menschlichen Gehirn entstehen könnte, wobei Oxytocin dann die Aktivität der natürlichen Alarmanlage (Mandelkerne im Gehirn) dämpft. Dies passiert möglicherweise aufgrund wiederholter positiver Interaktionen mit einem Menschen. Es entsteht das Urteil, dass von dieser Person keine Gefahr ausgeht. Wenn wir also eine fremde Person ein paar Mal als sehr freundlich erlebt haben, wird unsere anfängliche Vorsicht ihr gegenüber nachlassen. Unterschiede im endogenen – d. h. vom Körper selbst hergestellten – Oxytocin-Spiegel könnten demnach interindividuelle Differenzen in Bezug auf das Vertrauen erklären, welches wir im Alltag anderen Menschen entgegenbringen. Der Zusammenhang zwischen Oxytocin-Spiegeln und Vertrauen scheint aber nicht zwangsläufig linear auszufallen (je mehr Oxytocin, desto größeres Vertrauen). Eine neue Studie deutet auf einen U-förmigen Zusammenhang hin, d. h. Menschen mit besonders wenig oder besonders viel Oxytocin im Blutplasma zeigten höchste Vertrauenswerte (Zhong et al. 2012). Allerdings ist noch nicht klar, wie die Oxytocin-Spiegel in der Peripherie unseres Körpers mit denen des zentralen Nervensystems zusammenhängen.[1] Oxytocin wird übrigens bereits in der Behandlung von Autismus-Patienten erprobt (Guastella et al. 2010; Yatawara et al. im Druck), da durch die Verabreichung von Oxytocin auch das Erkennen von Emotionen in den Gesichtern anderer Menschen verbessert werden kann (Shahrestani et al. 2013).

> **Zusammenfassung**
>
> Aus der Psychopharmakologie sind bereits einige Botenstoffe bekannt, deren unterschiedliche Spiegel im Gehirn wie auch in der Peripherie unseres Körpers Unterschiede in Persönlichkeitseigenschaften erklären können. Die Modelle, die bis jetzt existieren, sind jedoch limitiert, da z. B. nur unzureichend verstanden ist, wie die unterschiedlichen Botenstoffe gemeinsam in einem komplizierten „Konzert" auf die menschliche Persönlichkeit Einfluss nehmen.

Intermezzo: Was sagen uns unsere Hände über unsere Persönlichkeit?

Keine Angst. Es folgen nun keine Studien über Wahrsager, die die Linien Ihrer Hand interpretieren, um in die Zukunft zu blicken. Tatsächlich gibt es aber einen ernst zu nehmenden Forschungszweig, der sich näher mit Händen und dem, was sie im Zusammenhang mit unserer Persönlichkeit ausdrücken, beschäftigt.

---

[1] Dies ist ein gängiges Problem, wenn man beispielsweise das Blut aus der Peripherie des Körpers untersucht und daraus verstehen möchte, wie der biochemische Haushalt im Gehirn aussieht. Durch die Blut-Hirn-Schranke werden die Regelschaltkreise im Körper und die im Gehirn zu dessen Schutz getrennt. Die dazwischen befindliche Barriere kann nur schwer überwunden werden, d. h. ein Botenstoff kann meistens nicht ohne weiteres aus unserem Körper in unser Gehirn eintreten.

In seiner Übersichtsarbeit zeigt John T. Manning (2002), dass Hände sehr viel über unser vorgeburtliches Leben erzählen können. Wenn Sie sich die Innenseite Ihrer Hände anschauen, fokussieren Sie bitte auf Ihren Zeige- und auf Ihren Ringfinger. Genauer müssen Sie die Länge bzw. Strecke zwischen der untersten Falte im Übergang zur Handinnenfläche (vgl. dazu Abb. 13.2) und der jeweiligen Spitze der beiden Finger messen. Bei Frauen ist üblicherweise der Zeigefinger länger als der Ringfinger, bei Männern gilt das Gegenteil (Hönekopp et al. 2007). Natürlich gibt es auch Frauen, die eine eher „männliche" und Männer, die eine eher „weibliche" Hand haben. Das Fingerlängenverhältnis steht mit dem vorgeburtlichen Testosteronspiegel im Zusammenhang und damit auch mit der Hirnentwicklung. Diese Idee konnte unter anderem durch Lutchmaya et al. (2004) bestätigt werden, die in einer Studie die Verbindung zwischen pränatalen Testosteronspiegeln und dem Fingerlängenverhältnis verifizieren konnten. Der Zusammenhang mit der Hirnentwicklung ist gegeben, weil Sexualhormone wie Östrogen und Testosteron eine entscheidende Rolle bei der „Vermännlichung und Verweiblichung" des Gehirns spielen.

Wie äußern sich jetzt die Zusammenhänge zwischen den 2D:4D-Markern und psychologischen Variablen? Es zeigte sich beispielsweise in einer prominenten Studie von John M. Coates et al. (2009), dass Trader mit besonders männlichen Händen an der Börse langfristig sehr erfolgreich tätig waren; in der Studie wurden übrigens nur Männer untersucht. Innerhalb der Gruppe von Männern war also eine besonders männliche Hand ein guter Prädiktor für Erfolg auf dem Börsenparkett.

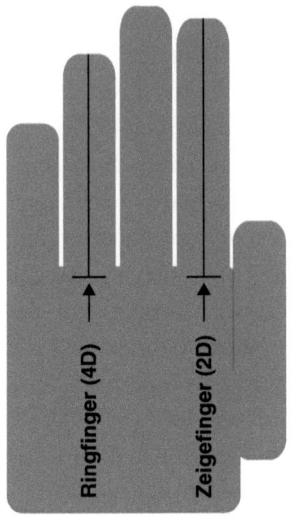 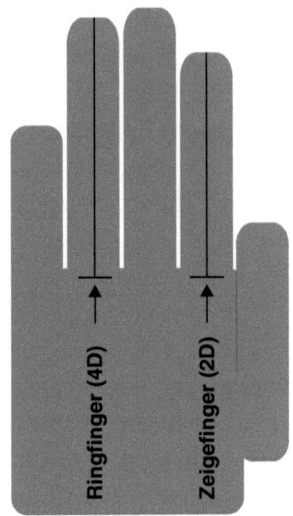

Hoher 2D:4D-Marker = weibliche Hand

Neidringer 2D:4D-Marker = männliche Hand

Abb. 13.2 Der 2D:4D-Marker zeigt, wie weiblich oder männlich eine Hand ist. Der Zeigefinger ist Digit 2 (Finger 2), der Ringfinger Digit 4 (deshalb 2D:4D). Männer haben – im Gegensatz zu Frauen – üblicherweise längere Ring- als Zeigefinger. Bei Frauen zeigt sich das entgegengesetzte Bild. Um den Marker richtig zu messen, muss die Innenseite der Hand betrachtet werden und von der untersten Falte (im Übergang zur Handinnenfläche) die Länge zur Spitze des jeweiligen Fingers gemessen werden. Ein (ehemaliger) Bruch in einem der Finger lässt keine Möglichkeit mehr zu, das 2D:4D-Verhältnis genau zu bestimmen. Wie Sie sich wahrscheinlich schon gedacht haben, besteht bei einer männlichen Hand ein stärkerer Einfluss von vorgeburtlichem Testosteron.

Eine Studie von Bennett et al. (2010) zeigte, dass Rugbyspieler männlichere Hände als Kontrollpersonen hatten und dass in der Gruppe der Rugbyspieler solche mit den männlichsten Händen in ihrem Sport am erfolgreichsten waren. Auch hier wurden nur Männer untersucht. Männlichere Hände sind zudem bei jungen Männern z. B. mit einer Abhängigkeit von Videospielen in Zusammenhang gebracht worden (Kornhuber et al. 2013).

Wie sieht es mit dem weiblichen Geschlecht aus? Interessanterweise zeigte sich bei Frauen mit männlichen Händen, dass sie im Vergleich zu Frauen mit weiblichen Händen besonders gut bei visuell-räumlichen Aufgaben abschnitten (Kempel et al. 2005). Diese Fähigkeiten sind bei Männern statistisch üblicherweise ein wenig besser ausgeprägt (was nicht heißt, dass alle Männer in diesem Bereich besser abschneiden!). Frauen mit männlichen Händen zeigten also auch besondere Leistungen in dieser eher „männlichen" Fähigkeit.

Das Fingerlängenverhältnis ist ebenfalls mit Persönlichkeitseigenschaften assoziiert worden. In einer Studie von Richard A. Lippa (2006) zeigten sich Zusammenhänge zwischen dem Fingerlängenverhältnis und den Persönlichkeitseigenschaften Extraversion und Offenheit für Erfahrungen. Auch wenn die Effekte nicht besonders stark waren, gab es einen positiven Zusammenhang zwischen weiblichen Händen und Extraversion sowie eher männlichen Hände und Offenheit für Erfahrungen. Eine andere Studie stellte dagegen u. a. einen Zusammenhang zwischen Neurotizismus und weiblichen Händen fest (Fink et al. 2004). Gerade letzterer Befund macht vor dem Hintergrund anderer Studien Sinn, nach denen bei Frauen die Neurotizismuswerte üblicherweise höher sind (Lynn und Martin 1997). Insgesamt kommen die Studien möglicherweise zu unterschiedlichen Ergebnissen, weil sich die Stichprobengrößen in beiden Studien deutlich unterscheiden und jeweils andere

Fragebögen zur Messung der fünf Faktoren der Persönlichkeit genutzt worden sind. Hier sieht man, wie methodische Feinheiten schnell zu unterschiedlichen Ergebnissen führen können! Passend zu dieser Argumentation können wir in unserer eigenen Arbeitsgruppe die Ergebnisse von Fink et al. (2004) in noch nicht veröffentlichten Daten unter Verwendung des gleichen Fragebogens wie in der Fink-Studie zur Messung der Persönlichkeit replizieren, sodass der Zusammenhang zwischen weiblicheren Händen und höheren Neurotizismus-Werten gesichert scheint. Wie in der Fink et al. (2004) Studie kann dieser Zusammenhang vor allen Dingen für Frauen nachgewiesen werden.

Zu guter Letzt möchte ich eine Studie erwähnen, die sich unter anderem mit aggressiven Tendenzen und Impulsivität im Kontext des 2D:4D-Verhältnisses beschäftigt hat: Jan Wacker et al. (2013) konnten hier einen Zusammenhang zwischen männlicheren Händen und stärker ausgeprägter Impulsivität (hier impulsives Suchen nach neuartigen Reizen) ausmachen. Dies passt einigermaßen gut in die Befundlage mit den Rugbyspielern, die bereits eben erwähnt worden ist.

Vielleicht haben Sie sich auch schon gefragt, ob es einen Unterschied macht, ob man die linke oder die rechte Hand untersucht. Unsere linken und rechten Hände sind nicht exakt gleich, sodass sich diese Frage tatsächlich stellt. Unterschiede zwischen Männern und Frauen im 2D:4D-Verhältnis konnten vor allen Dingen für die rechte Hand nachgewiesen werden (Hönekopp und Watson 2010). Im Hinblick auf die anderen beschriebenen psychologischen Variablen gibt es hier bis jetzt nicht solch ein einheitliches Bild.

Zusammenfassung

Tatsächlich sagen unsere Hände etwas über unsere Persönlichkeit aus. Allerdings lassen sich die Effekte mit ein paar Abstrichen generell eher in die Richtung männliche und weibliche Persönlichkeitseigenschaften beobachten. Die in den Studien entdeckten Effekte sind von statistischer Bedeutung, aber manchmal auch sehr klein und eignen sich – wie oben an anderen Beispielen dargestellt – ebenfalls nicht gut für eine Individualdiagnostik.

14
Was ist der evolutionär älteste Teil der menschlichen Persönlichkeit?

Wie bereits in Kap. 2 erwähnt, manifestiert sich Persönlichkeit in spezifischen Denkmustern, Einstellungen, Verhaltensweisen und emotionalen Tendenzen in Reaktion auf eine große Zahl von unterschiedlichen Umweltsituationen. Mit Denkmustern, Einstellungen, Verhaltensweisen und emotionalen Tendenzen stehen mehrere Facetten des Begriffes Persönlichkeit zur Debatte, die als evolutionär ältester Teil der menschlichen Persönlichkeit infrage kommen. Die Frage in der Überschrift dieses Kapitels lässt sich nun beantworten, wenn wir uns kurz mit dem *MacLean'schen Triune Brain Concept* beschäftigen (Lambert 2003).

Zunächst: Unser Gehirn stellt ein Organ in unserem Körper dar, in welchem wir die evolutionäre Geschichte bzw. Entwicklung nach wie vor ablesen können. Machen wir gemeinsam ein kleines Gedankenexperiment. Stellen Sie sich vor, Sie stünden oben am Rand des majestätischen Grand Canyon in Arizona in den USA. Je tiefer Sie in den Canyon schauen, desto älter sind die Gesteinsschichten, die sie unten in der Nähe des Colorado River sehen können. Dieses Beispiel können wir nun auf unser Gehirn übertragen.

Diesmal stellen Sie sich bitte vor, Sie könnten sich oben auf Ihr eigenes Gehirn stellen. Wenn Sie die beiden Hemisphären Ihres Gehirns vorsichtig nach links und nach rechts schöben und in Ihren eigenen „Canyon" hineinschauten, würden Sie, je tiefer sie schauen, immer ältere Hirnareale erkennen. Nach MacLean gibt es in unserem Gehirn drei verschiedene „Gesteinsschichten".

Die älteste Schicht des Gehirns ganz weit unten nennt man Reptiliengehirn; zu ihr gehören überlebenswichtige Hirnareale, die u. a. für Atmung und Herzschlagregulation eine wichtige Rolle spielen. Die Tatsache, dass wir auch im Schlaf atmen (und Sie nicht darüber nachdenken müssen), verdanken wir den hier angesiedelten neuronalen Kernarealen, die in ähnlicher Weise auch bei Reptilien vorkommen. Einige Zeit später hat sich evolutionär eine weitere Aufstülpung in unserem Gehirn entwickelt – das Säugetiergehirn. Hier sind vor allen Dingen emotionale Schaltkreise zu finden, die im Unterbewusstsein und manchmal auch bewusst unser Verhalten beeinflussen. Diese Hirnareale besitzen in ähnlicher Weise auch alle anderen Säugetiere. Dies bedeutet, dass die Ergebnisse der experimentellen Forschung in Bezug auf diese Hirnareale oftmals über die Spezies hinaus Gültigkeit besitzen. Dies ist wichtig zu wissen, wenn es um den Transfer von Experimenten an Tieren in den Humanbereich geht. Über die hier angesiedelten emotionalen Schaltkreise erfahren Sie mehr im folgenden „Intermezzo".

Schließlich findet sich als neueste Schicht der Neokortex, ohne welchen wir keine komplexen mentalen Fähigkeiten hätten bzw. keinen komplizierten Gedankenspielen und Planungen nachgehen könnten. Ohne diese neueste

14 Was ist der evolutionär älteste Teil der ...

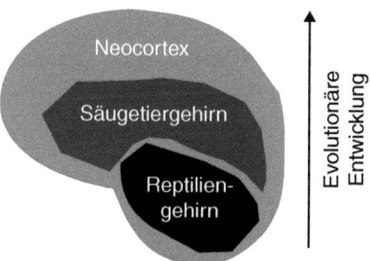

Abb. 14.1 Das menschliche Gehirn ist ein Organ unseres Körpers, an welchem sich noch die evolutionäre Entwicklung ablesen lässt. Je tiefer die Hirnareale gelegen sind, desto älter sind sie von ihrer Entwicklung her.

Erweiterung unseres Gehirns wäre auch ein autobiografisches Selbst mit einem Gestern, Heute und Morgen nicht möglich. Bezug nehmend auf unsere Definition von Persönlichkeit wird deutlich, dass die Verortung von Emotionen in evolutionär sehr alten Arealen es sehr wahrscheinlich macht, dass die emotionale Facette unserer Individualität evolutionär am ältesten ist. In Abb. 14.1 ist das *MacLean'sche Triune Brain Concept* mit den drei Entwicklungsstufen dargestellt. Da im Neokortex komplexe mentale Fähigkeiten angesiedelt sind, könnte man dagegen davon ausgehen, dass die Art und Weise, wie wir über etwas denken oder an ein Thema kognitiv herangehen, den evolutionär jüngsten Teil unserer Persönlichkeit ausmacht. So ließ sich beispielsweise beobachten, dass kreativeres und komplexeres Denken eher mit Extraversion und Offenheit assoziiert waren, dagegen Denkweisen, die sich eher an der Norm orientieren, mehr mit Neurotizismus im Zusammenhang standen (Zhang und Huang 2001). Genauso ist es sicher nicht überraschend, dass auch Optimismus (Sharpe et al.

2011) oder Pessimismus mit einigen Facetten des Fünf-Faktoren-Modells der Persönlichkeit assoziiert sind (Kam und Meyer 2012).

> **Zusammenfassung**
>
> Im Hinblick auf die evolutionäre Entwicklung unseres Gehirns ist es sehr wahrscheinlich, dass interindividuelle Differenzen in unserem emotionalen Erleben den ältesten Teil unserer Individualität ausmachen.

Intermezzo: Jaak Pankseeps Primäremotionen und das Freud'sche Instanzenmodell

Im vorigen Kapitel wurde auf archaische emotionale Schaltkreise hingewiesen, die im alten Säugetiergehirn verankert sind. Jaak Panksepp (1998) gelang es, in dieser Hirnschicht sieben emotionale Schaltkreise zu detektieren, die er mit folgenden Namen bezeichnet: SEEK, PLAY, CARE, LUST und RAGE, SADNESS, FEAR. Die Namen der Schaltkreise werden in der Literatur übrigens mit Großbuchstaben geschrieben, um sie damit als evolutionär alte Primäremotionen zu kennzeichnen (und so von ähnlich klingenden Begriffen in der Psychologie abzugrenzen). Die einzelnen Schaltkreise werden im Folgenden kurz skizziert.

Der SEEK-Schaltkreis stellt in unserem Gehirn eine Art Akku dar und stattet uns im Alltag mit Energie aus. Wir haben diesen Schaltkreis mit seinem dort arbeitenden Botenstoff Dopamin bereits oben als „Go get it"-System kennengelernt. Der SEEK-Schaltkreis ist evolutionär uralt, sodass auch Flusskrebse mit einem ähnlichen System ausgestattet sind. Zur Information: Die ältesten Flusskrebs-Fossilien sind 115 Mio. Jahre alt![1] In einem verrückt anmutenden Experiment konnten Antonio Alcaro et al. (2011) nachweisen, dass Flusskrebse auf eine neuartige Umgebung mit typischen Verhaltensmustern reagierten (Wackeln der Antennen, körperliche Aktivität etc.), die so etwas wie Neugier und Explorationsverhalten in einer neuen Umgebung darstellen. Die Verabreichung von Amphetaminen in einer den Flusskrebsen bereits bekannten (und damit nicht mehr so interessanten) Umwelt führte bei ihnen erneut zu neugierigem Explorationsverhalten. Amphetamine stimulieren das dopaminerge System, sodass wir schon wieder bei dem bereits bekannten Botenstoff Dopamin angekommen sind. Amphetamine sind in der Drogenszene als Speed bekannt.

Bei sehr schwer depressiven Patienten ist das SEEK-System deutlich erschlafft bzw. unteraktiviert. In den neuroanatomisch zugrunde liegenden Strukturen des SEEK-Systems (vor allen Dingen das mediale Vorderhirnbündel unseres Gehirns) werden bei sonst nicht mehr behandelbaren Menschen heutzutage teilweise Tiefenhirnstimulationen vorgenommen. Das heißt, dass Neurochirurgen eine Elektrode im SEEK-System verankern, die dort leichte elektrische Impulse abgibt. Diese Prozedur konnte bereits einigen Patienten dabei helfen, die Depression zu überwinden (Schlaepfer et al. 2013).

PLAY ist der genetisch verankerte emotionale Schaltkreis für den Spieltrieb, der besonders im Kindheitsalter aktiv ist

---
[1] http://en.wikipedia.org/wiki/Crayfish (Zugriff am 28.02.2015).

und dessen Aktivität zum Erwachsenenalter hin abnimmt. Besonders stimuliert wird dieser Schaltkreis durch das *Rough and Tumble Play*. Es handelt sich hierbei um eine sehr körperbetonte Art des Herumtollens und Raufens. Diese alte Form des Spielens besitzt möglicherweise einen sehr starken Effekt auf die Entwicklung sozialer Kompetenzen und motorischer Fähigkeiten. Wenn Säugetiere eine Zeitlang keine Gelegenheit zum Spielen bekommen, müssen sie dies bei erster Gelegenheit nachholen (Panksepp und Beatty 1980). Spielentzug kann auf Dauer drastische Konsequenzen für die psychomotorische Entwicklung haben. Wird der PLAY-Schaltkreis nicht genügend stimuliert, könnte daraus nach neuen Erkenntnissen ADHS (Aufmerksamkeitsdefizit-/Hyperaktivitätsstörung) resultieren (Panksepp et al. 2003; Panksepp 2007). Ausgiebiges Spielen könnte also für einige Patienten eine gute Alternative oder Ergänzung zur Behandlung von ADHS mit dem Medikament Ritalin sein.

Der CARE-Schaltkreis ist für fürsorgliches Verhalten von Bedeutung und spiegelt das genetische Programm für Bindung zwischen Menschen wieder. Damit eng verwoben, allerdings evolutionär älter ist der LUST-Schaltkreis, der bei sexuellem Verhalten aktiviert wird. Dieser Schaltkreis mit seinen genetisch verankerten sexuellen Programmen muss evolutionär älter sein, da sich erst Fortpflanzungsmechanismen und dann fürsorgliches Verhalten ausgebildet haben müssen. Ein wichtiger Botenstoff dieser beiden Schaltkreise ist das bereits bekannte Neuropeptid Oxytocin.

An dieser Stelle sind die berühmten Studien an zwei Arten von Wühlmäusen erwähnenswert. Während die Prärie-Wühlmäuse monogames Verhalten zeigen, sind die Wiesen-Wühlmäuse polygam. Die wechselnden Partner bei den Wiesen-Wühlmäusen lassen sich durch eine geringere Oxytocin-Rezeptor-Dichte im Nucleus accumbens erklären. Bei dem neuronalen Kernareal des Nucleus accumbens handelt es sich um eine weitere wichtige Hirnstruktur, die u. a. mit der Belohnungsverarbeitung im Zusammenhang steht. Ein Unterbinden der Wirkung von Oxytocin bei den Prärie-Wühlmäusen ließ auch diese Tiere polygam werden (Insel und Young 2001)! Dadurch zeigt sich, dass Oxytocin tatsächlich eine große Wirkung in Bezug auf Partnerschaft und Bindungsverhalten besitzt. Hasse Walum et al. (2012) konnten nachweisen, dass eine genetische Variante des Oxytocin-Rezeptorgens mit der Qualität der Ehe bzw. Partnerschaft assoziiert ist. Interessanterweise ist zusätzlich eine genetische Variante des Vasopressin-Rezeptors mit Untreue in Verbindung gebracht worden (Zietsch et al. 2014). Vasopressin ähnelt dem Botenstoff Oxytocin in seiner chemischen Struktur sehr stark und spielt ebenfalls eine wichtige Rolle für zwischenmenschliches Verhalten.

RAGE-Aktivität wird u. a. bei Frustration erzeugt, SADNESS bei Heimweh und Trennungsschmerz und FEAR bei Angst/Furcht. Über RAGE werden wir ein wenig mehr im nächsten Kapitel erfahren, sodass wir direkt zum Traurigkeitsschaltkreis übergehen. Der SADNESS-Schaltkreis wird auch Separation-Distress-Schaltkreis oder Panic-Schaltkreis genannt. Warum er so bezeichnet wird, lässt sich besonders gut veranschaulichen, wenn wir uns kleine Kinder in einem Supermarkt vorstellen, die ihre Eltern aus den Augen verloren haben. Die Trennung von den Eltern führt zu panischem Verhalten. Das beste Mittel gegen die dann entstehende Überaktivität des SADNESS-Schaltkreises (auch bei Liebeskummer oder um das Kind zu beruhigen, das seine Eltern nicht gefunden hatte) ist die menschliche Berührung. Ein einfaches „Gehaltenwerden" (in unserem Beispiel durch die Eltern) führt zur endogenen Opioid- und Oxytocin-Synthese und beruhigt den SADNESS-Schaltkreis (Dunbar 2010; Panksepp 2006); der Begriff *endogen* bedeutet, dass unser Gehirn Botenstoffe der Opioidklasse und Oxytocin aufgrund der menschlichen Berührung selber produzieren kann.

Im Hinblick auf das Primäremotionssystem FEAR ist anzumerken, dass sich die Emotionen Angst und Furcht unterscheiden lassen. Während Angst eine Orientierungsreaktion in einer potenziell bedrohlichen Situation darstellt, ist Furcht eine automatische Reaktion, die sich in der direkten Konfrontation mit einer Bedrohung in Flucht, Erstarren oder Selbstverteidigung äußert (Gray und McNaughton 2000). Im Tiermodell würde Angst z. B. bei einer Maus durch einen mit Katzengeruch präparierten Käfig ausgelöst (Blanchard et al. 2001). In diesem Käfig befindet sich aber keine Katze. Eine Maus riecht also die potenzielle Gefahr und würde nun vorsichtig weitere Informationen sammeln, um sicherzugehen, dass tatsächlich keine Katze da ist. Es geht also darum herauszufinden, ob die Luft rein ist. Die direkte Begegnung mit der Katze würde dagegen sofort Furcht mit den genannten genetischen Verhaltensprogrammen wie Flucht auslösen.

Jeder Mensch ist mit den oben genannten emotionalen Schaltkreisen ausgestattet. Die neuroanatomischen Strukturen dieser Primäremotionen fallen aber bei Menschen unterschiedlich aus. Unterschiede in diesen Systemen führen zu interindividuellen Differenzen in emotionalen Reaktionen und damit auch in Persönlichkeitseigenschaften. Ich habe bereits darauf hingewiesen, dass die Panksepp'schen Primäremotionen möglicherweise den ältesten Teil der menschlichen Persönlichkeit darstellen. Dieser Gedanke ist nun von Interesse, wenn das Primäremotionsmodell von Panksepp in einen Zusammenhang mit dem klassischen Gedankengut von Sigmund Freud gebracht wird.

Die meisten Leser sind sicherlich mit dem Freud'schen Instanzenmodell (manchmal auch Persönlichkeitsmodell genannt) vertraut. Freud (1923/2000) unterschied zwischen Über-Ich, Ich und Es. Das Über-Ich stellt im Freud'schen Modell unser Gewissen/moralische Instanz dar und leitet uns an, im Alltag nach sozialen Normen zu handeln. Das Es ist tief in unserem Unterbewusstsein verankert, welches nach dem Maßstab der Lustmaximierung handelt. Lustmaximierung bedeutet, dass das Es danach strebt, alle Mangelzustände im menschlichen Körper sofort abzustellen. Das Ich vermittelt zwischen den unterschiedlichen Wünschen von Über-Ich und Es. Die sich ergebende Dynamik zwischen Es, Über-Ich und Ich spielt nach Freud eine große Rolle, um die menschliche Persönlichkeit zu verstehen. Ist bei einer Person beispielsweise das Es stark ausgeprägt, wäre diese Person möglicherweise ein besonders hedonistischer Mensch, der allen Vergnügungen nachgeht, wenn das Es nicht ausreichend durch das Ich und ein ausgeprägtes Über-Ich im Schach gehalten wird.

Es ist denkbar, dass es sich bei den Panksepp'schen Emotionssystemen und noch älteren Hirnarealen um zentrale Bestandteile des Es handelt (Solms und Panksepp 2012). Dies ist insofern recht naheliegend, als die Aktivität dieser subkortikal verankerten Systeme unserem Bewusstsein in der Regel nicht direkt zugänglich ist. Trotzdem wirken sich Dysbalancen in den genannten Schaltkreisen unmittelbar auf unser Wohlergehen aus. Wird unser Spieltrieb oder das System für Fürsorglichkeit nicht ausreichend stimuliert, geht es Menschen psychisch schlecht. Zusätzlich könnten durch Aktivität in diesen Schaltkreisen unterbewusste Wünsche nach Sicherheit, Nähe, sexuellem Verlangen etc. erzeugt werden.

Zusammenfassung

Das Panksepp'sche Modell der Primäremotionen nimmt sieben emotionale Schaltkreise an, die in den Gehirnen von Säugetieren allgemein festgestellt werden können. Unterschiede in diesen Systemen können im Alltag unterschiedliche emotionale Reaktionen auf eine große Anzahl an unterschiedlichen Situationen erklären. Diese uralten Systeme könnten in Teilen dem Freud'schen Es entsprechen.

15
Ist der Mensch gut oder böse?

Die Frage ob der Mensch gut oder böse ist, wird in der Psychologie schon lange erforscht. Die nach wie vor berühmtesten Studien in diesem Bereich sind natürlich Stanley Milgrams Elektroschockexperiment sowie das Stanford-Prison-Experiment, welches 1971 Philip Zimbardo, Craig Haney und Curtis Banks an der Stanford University durchführten. Beide Studien konnten belegen, dass „Otto Normalverbraucher" in Extremsituationen, aber auch durch eine gezielte Beeinflussung zu „bösen" Taten fähig ist. Diese Studien gehören übrigens zur Sozialpsychologie, die sich mit dem Einfluss anderer Personen auf das eigene Verhalten beschäftigt und nicht so sehr die Eigenheiten einer Person berücksichtigt.

Milgram zeigte in seinem klassischen Experiment, dass Menschen in bestimmten Situationen bereitwillig einer anderen Person Stromschläge verabreichten. Dies geschah, wenn ein Wissenschaftler im weißen Kittel als eine Autorität ausstrahlende Person den Befehl dazu gab, auch in hoher Dosis. In der Studie von Milgram (1963) wurden natürlich keine echten Stromschläge verabreicht. Den Probanden der Studie wurde allerdings vorgegaukelt, dass sie echte

Stromschläge verabreichten; die Personen, welche scheinbar die Stromstöße erhielten (Verbündete des Experimentalleiters), reagierten unmittelbar mit Schreien und Zucken auf die immer höheren verabreichten Dosen (Milgram 1963).

Beim berühmten Stanford-Prison-Experiment wurden Probanden nach dem Zufallsprinzip in eine Gruppe von Wärtern und eine von Gefangenen aufgeteilt. Die Teilnehmer gingen so schnell in ihren Rollen auf, dass das Experiment schnell aus dem Ruder lief und aufgrund von aggressiven Verhaltensweisen abgebrochen werden musste (Zimbardo 1973).

Diese „Klassiker" der psychologischen Experimente zeigen, dass alle Menschen in gegebenen Situationen zu „bösen" Taten fähig sind. Was wissen wir aber nun aus der Hirnforschung über das „Böse" in uns? Und was wissen wir über Unterschiede in Tendenzen zu „bösen" Verhaltensweisen?

Zur Grundausstattung jedes Säugetiergehirns und somit jeden menschlichen Gehirns gehört ein Schaltkreis für Wut und Zorn (RAGE). Dieser wird besonders dann aktiviert, wenn Menschen frustriert und verärgert sind. Neben dieser allgemeinpsychologischen Betrachtung stellt sich aber die Frage, ob es Menschen gibt, die von ihrer Hirnstruktur und Hirnfunktion her eher zu aggressivem Verhalten neigen. Dies würde bedeuten, dass der RAGE-Schaltkreis bei ihnen leichter aktivierbar wäre. In einer eigenen Studie konnten wir beobachten, dass geringere Volumen in den Mandelkernen im Selbstreport mit höheren Werten auf einer Wutskala bzw. mit mehr Hitzköpfigkeit einhergingen (Reuter et al. 2009). Das heißt, Unterschiede in der Struktur des Gehirns lassen Rückschlüsse auf höhere oder niedrigere Aggressionstendenzen zu. Noch ist nicht klar, ob kleinere

Mandelkerne auch leichter erregbar sind. Trotzdem gibt es aber Unterschiede im Gehirn, die mit Unterschieden in aggressiven Tendenzen verbunden sind.

Zudem gibt es mittlerweile Befunde aus der Genetik, die sogar interessante Rückschlüsse im Hinblick auf delinquentes Verhalten zulassen (Meyer-Lindenberg et al. 2006; Buckholtz und Meyer-Lindenberg 2008). So zeigte sich, dass eine Risikovariante des MAO-A-Gens (vgl. Tab. 10.1) mit Delinquenz im Erwachsenenalter assoziiert werden kann. Allerdings ist dies, so die Statistik, wohl nur möglich, wenn die untersuchten Personen in der Kindheit negativen Umwelteinflüssen ausgesetzt waren, wie z. B. wenn Kinder misshandelt worden sind (Edwards et al. 2010). Zusätzlich gibt es Hinweise, dass eine Gen-Umwelt-Interaktion – zwischen einer genetischen Variante des MAO-A-Gens und Missbrauch in der Kindheit – im Erwachsenenalter zu Alkoholismus führen könnte (Nilsson et al. 2007). MAO-A steht für Monoaminooxidase (Typ A) und ist ein wichtiges Enzym, das beim Abbau des Botenstoffes Serotonin im Gehirn eine Rolle spielt.

An diesem Beispiel zeigt sich erneut, wie wichtig die Interaktion zwischen Genom und Umwelteinflüssen ist, die sich dann in einer entsprechenden Struktur und Funktionalität des Gehirns manifestieren (siehe auch Kap. 21). Wie schon mehrfach beschrieben, gehen Genetik und Umwelt „Hand in Hand"!

An dieser Stelle möchte ich erneut darauf hinweisen, dass mit dieser genetischen Information keine Individualdiagnostik möglich ist, da eine einzige genetische Variante nur einen Bruchteil einer solchen Persönlichkeitseigen-

118 Persönlichkeit

schaft erklären kann (siehe die genauere Ausführungen in Kap. 11).

Ein weiterer wichtiger Aspekt, der die Suche nach einer Antwort auf die Frage, ob eine Person „gut" oder „böse" ist, beeinflusst, stammt aus der Neurologie. Wir erinnern uns an den bereits geschilderten Fall von Phineas Gage. Hier zeigte sich schon sehr früh, dass Menschen durch Verletzungen am Gehirn deutliche Wesensveränderungen erfahren können. Ein besonderes philosophisches Problem (mit Bedeutung auch für die Schuldfrage) entsteht dann, wenn Verletzungen des Gehirns einen Menschen, so verändern, dass negative Persönlichkeitsmerkmale entstehen oder in den Vordergrund treten. Ist die Person dann wirklich genuin böse?

In diesem Zusammenhang ist auch die immer größer werdende Anzahl an Studien interessant, die das Gehirn von Psychopathen im Gefängnis untersuchen; bei diesen Menschen gab es meist keine Veränderungen des Gehirns aufgrund von physischen Außenwirkungen. In einer wichtigen Übersichtsstudie zeigten sich in mehreren Hirnarealen (Volumenreduktionen im Frontal- und Temporallappen) deutliche Unterschiede zwischen Psychopathen und gesunden Kontrollpersonen. Laut den Autoren der Studie (Gregory et al. 2012) deuten diese Befunde auf eine neuronale Entwicklungsstörung bei Psychopathen hin. Genauer interpretieren die Autoren die Unterschiede in den von ihnen beobachteten Hirnbefunden wie folgt (S. 969): „Diese strukturellen Abnormalitäten könnten diejenigen emotionalen Dysfunktionen fördern, die eine Psychopathie charakterisieren und mit Defiziten in Empathie, Moral und dem Entstehen von prosozialem Ver-

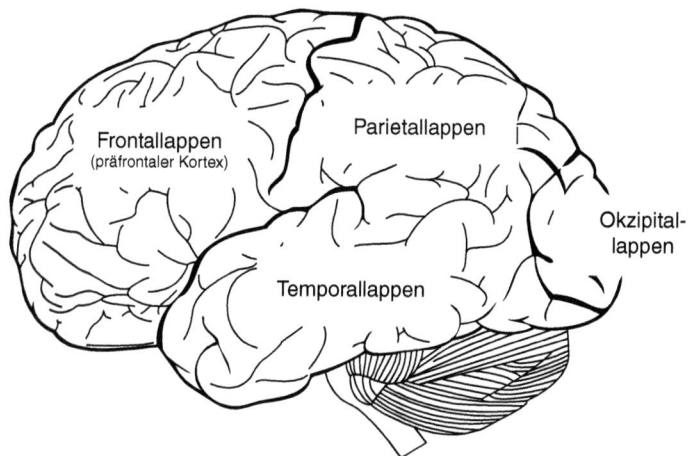

Abb. 15.1 Psychopathen haben reduzierte Hirnvolumen im Bereich des präfrontalen Kortex. Der präfrontale Kortex ist der Sitz unseres Arbeitsspeichers. Dies ermöglicht uns, Informationen präsent im Kopf zu halten. Zusätzlich gibt es hier viele weitere wichtige Funktionen wie „Ich-Empfindungen", Kontrolle der alten Emotionsschaltkreise, aber auch moralische Vorstellungen sind hier verankert.

Die Abbildung zeigt zusätzlich die drei anderen Lappen des Gehirns. Der Temporallappen spielt unter anderem eine bedeutsame Rolle für unser Gedächtnis, der Parietallappen für räumliches Denken und räumliche Aufmerksamkeit und der Okzipitallappen für visuelle Wahrnehmung. Die Zuweisung der einzelnen Funktionen ist deutlich vereinfacht und spiegelt nicht die komplexe Netzwerk-Arbeitsweise des Gehirns wider. Damit ist gemeint, dass unterschiedliche Hirnareale zusammenarbeiten müssen, um komplexe Hirnfunktionen zu ermöglichen

halten einhergehen." Die Orte der Unterschiede in den Hirnarealen aus der Studie von Gregory et al. (2012) sind in Abb. 15.1 dargestellt.

Zusammenfassung

Als „Grundausstattung" gibt es bei allen Menschen einen Schaltkreis für aggressives Verhalten, welcher besonders in Extremsituationen aktiviert werden kann. Dabei geht es beispielsweise um Situationen, in denen die eigene körperliche Unversehrtheit zu verteidigen ist. Der RAGE-Schaltkreis kann aber auch bei Frustrationen bzw. Ärger aktiviert werden. Insgesamt wird dadurch deutlich, dass es sich bei manchen aggressiven (und damit wenn man so möchte auf den ersten Blick „böse" wirkenden) Verhaltensweisen um alte Verhaltensmuster handelt, die in gewissen Situationen für unsere Vorfahren und auch für uns heute aus einem evolutionärem Blickwinkel gewinnbringend sein können.

Zusätzlich zeigt sich aber auch, dass psychopathische, damit also von der Gesellschaft klarer als „böse" gekennzeichnete Prozesse, heute bereits zum Teil durch die Biologie erklärt werden können. Die neuropsychobiologische Forschung macht deutlich, dass Unterschiede in Aggressions-Schaltkreisen zu erkennen sind, die durch Genetik und Umwelt geformt werden und Menschen zu gewissen Zeitpunkten eher zur „guten" oder zur „bösen" Seite tendieren lassen. Unter anderem scheint es Unterschiede in der Art und Weise zu geben, wie Menschen ihre subkortikalen, mit Aggression verbundenen Hirnareale durch eine starke oder schwache Aktivierung ihres Stirnlappens im Griff halten können. Wichtig ist jedoch erneut, darauf hinzuweisen, dass es sich bei den hier beschriebenen Prozessen nicht um einen rein biologischen Determinismus handelt, sondern dass die Genetik nur einen (gewissen) Rahmen vorgibt, in dem wir uns bewegen, und dass die Umwelt die Gestaltung innerhalb dieses Rahmens maßgeblich beeinflusst. Besonders erwähnenswert ist hier das Delinquenzmodell von Buckholtz und Meyer-Lindenberg (2008).

Eine abschließende Anmerkung zu den Befunden dieses Kapitels: Die Frage nach „gut" und „böse" ist natürlich sehr vereinfachend gestellt. Es macht beispielsweise einen Unterschied, ob ich aggressive Verhaltensweisen zeige, weil mein eigenes Leben bedroht wird, oder Aggression zielorientiert eingesetzt, um seinen eigenen Willen durchzusetzen. Grundsätzlich stellt sich die

15 Ist der Mensch gut oder böse?

Frage, warum manche Persönlichkeitseigenschaften, ob sie uns gefallen oder nicht, überhaupt noch in der Bevölkerung zu beobachten sind. Dies hat mit Vor- und Nachteilen zu tun, die jede Persönlichkeit in unterschiedlichen Nischen mit sich bringt. Auf diese Frage wird im nächsten Kapitel eingegangen. Zusätzlich weise ich noch mal darauf hin, dass besonders die genomischen Daten nicht für eine Einzelfalldiagnostik geeignet sind. Auch Delinquenz lässt sich für den Einzelfall nicht von unserem Erbgut ablesen.

16
Warum gibt es Unterschiede in Persönlichkeitseigenschaften?

Wenn man eine Antwort auf die Frage bekommen möchte, welchen Sinn oder Zweck Unterschiede in Persönlichkeitseigenschaften haben, bietet sich vor allen Dingen ein evolutionspsychologischer Ansatz an. Charles Darwin konnte in seinen Arbeiten zeigen, dass Vielfalt in unterschiedlichsten Eigenschaften für das Überleben einer Spezies von großer Bedeutung ist. Die berühmten Darwin-Finken auf den Galápagos-Inseln sind dafür ein gutes Beispiel. Die genetische Variation in ihren Schnäbeln ermöglicht es den Vögeln, sich auf unterschiedlichen Inseln einem unterschiedlichen Nahrungsangebot anzupassen und damit als Gattung nicht auszusterben. Auf den einzelnen Galápagos-Inseln haben sich aus einer Gruppe von Darwin-Finken (mit unterschiedlichen Schnäbeln) diejenigen durchsetzen und erfolgreich vermehren können, welche die zum jeweiligen Nahrungsangebot passenden Schnäbel hatten. Mit dem Schnabel des Darwin-Finken „1" lassen sich beispielsweise besser Nüsse (harte Samenkörner) knacken, mit dem des Darwin-Finken „4" besser Würmer oder weiche Samenkörner picken. Eine Insel mit Nüssen als hauptsächlichem Nahrungsangebot wird für die Darwin-Finken „4" ein Problem darstellen, dagegen besonders Darwin-Finken mit dem Schnabel „1" entgegenkommen (Abb. 16.1).

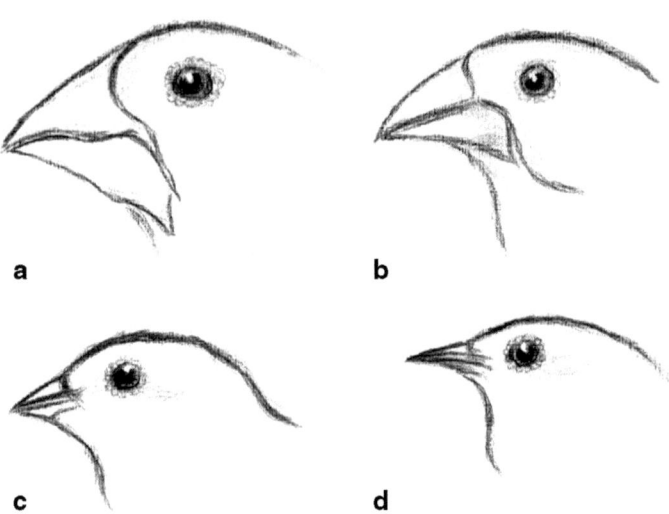

Abb. 16.1 Die berühmten Darwin-Finken mit unterschiedlichen Schnäbeln, welche die Aufnahme eines unterschiedlichen Nahrungsangebots erleichtern. (Zeichnung von Ingrid Montag-Schoenenberg, adaptiert von einer klassischen Abbildung von John Gould (siehe auch hier: https://de.wikipedia.org/wiki/Darwinfinken#/media/File:Darwin%27s_finches.jpeg)

Versuchen wir die Beobachtungen an den Darwin-Finken auf den Humanbereich und die Persönlichkeitsforschung zu übertragen. Tatsächlich könnte die große Vielfalt an Persönlichkeitseigenschaften im Darwin'schen Sinne ebenfalls Überlebensvorteile für unsere Gattung mit sich bringen. Das soll im Weiteren näher ausgeführt werden. Die Überlegungen dazu beginnen mit der großen Menschheitswanderung vor vielen tausend Jahren.

Heutzutage haben sich die Teile der Welt durch die Globalisierung vor allen Dingen in den Industrienationen deutlich aneinander angenähert, sodass Unterschiede in Umwelten, wie sie zuvor bestanden haben, geringer geworden sind. Trotzdem kann eine Betrachtungsweise der Unterschiede in der Persönlichkeit aus dem Blickwinkel der „Out of Africa"-Hypothese hilfreich sein.

Vor ca. 60.-70.000 Jahren migrierte Homo sapiens aus Afrika, um die Welt zu bevölkern. Die Reise begann in Afrika, setzte sich über den Nahen Osten nach Asien und Europa fort. Schließlich wurden auch Nord- und Südamerika erschlossen. Je nachdem, wo sich unsere Vorfahren niedergelassen haben, mussten sie mit unterschiedlichen Umwelten umgehen: mit dem jeweiligen Klima, Gefahren durch Tiere oder mit dem Problem, geeignete Nahrung zu finden. Unterschiedliche Umwelten „bevorzugten" unterschiedliche Persönlichkeitseigenschaften, die sich dann regional auch stärker durchsetzen konnten. Wo liegen aber nun solche möglichen (evolutionären) Vorteile, aber auch Nachteile von Persönlichkeitseigenschaften?

Ich habe in diesem Buch schon u. a. über Persönlichkeitseigenschaften wie Neurotizismus, Gewissenhaftigkeit oder Extraversion gesprochen. Für viele Leser mag es nach der Lektüre dieses Buches als wenig attraktiv erscheinen, beispielsweise hoch auf „N" zu scoren: So beschreibt der Psychojargon Menschen, die in einem Fragebogen einen hohen Wert in Bezug auf Neurotizismus erzielen. Der Gedanke, zwanghaft an Türen zu rütteln oder zehnmal den Herd zu überprüfen, bevor Sie aus dem Haus gehen, ist sicherlich nicht besonders schön. Dasselbe gilt für die Vorstellung, übermäßig ängstlich oder launisch zu sein. Ich übertreibe hier mit Absicht ein wenig: Die genannten Ausprägungen der Persönlichkeitseigenschaft „Neurotizismus" gibt es in dieser deutlichen Form nur in den Extrembereichen der Normalverteilung. Dagegen wird es für viele Leser vermutlich eher reizvoll sein, als extravertierter Mensch durchs Leben zu gehen und ein großes soziales Netzwerk aufzubauen. Aber ist diese Einschätzung richtig? – Bemühen wir uns im Kontext einer evolutionären Perspektive um eine genauere Betrachtung:

Mögliche Vorteile der Eigenschaft Extraversion sind größere soziale Netzwerke, ein einfacherer Zugang zum anderen Geschlecht und damit auch größere Chancen, sich fortzupflanzen. Auf der anderen Seite zeigen Extravertierte aber auch Tendenzen, sich eher in Gefahren zu begeben, wenn Sie z. B. besonders Extremsport lieben (vgl. z. B. Watson und Pulford 2004). Genau dieser Trade-off – diese gegenläufige Abhängigkeit – ist in einer Studie von Daniel Nettle (2005) tatsächlich aufgezeigt worden. Diese zeigte, dass extravertierte Menschen mehr Sexualpartner als introvertierte Menschen haben, zugleich aber auch öfters aufgrund von Unfällen im Krankenhaus landen.

Solche Trade-offs lassen sich auch bezüglich der anderen Persönlichkeitseigenschaften aus dem Fünf-Faktoren-Modell beschreiben. Mit Neurotizismus ist der Vorteil verbunden, dass Neurotiker eher mit Vorsicht durchs Leben gehen und entsprechend mehr aufpassen, dass ihnen nichts passiert. Besser, man schaut lieber einmal mehr nach links und rechts, bevor man über die Straße geht, als einmal zu wenig. Nach- und Vorteile des Neurotizismus sind in Tab. 16.1 – zusammen mit den Vor- und Nachteilen anderer Persönlichkeitseigenschaften – noch einmal genannt.

Gewissenhafte Menschen haben Vorteile im Berufsleben und scheinen auch länger zu leben. Tatsächlich gibt es aber auch hier Nachteile. Eine Studie von Christopher J. Boyce

Tab. 16.1 Übersicht über evolutionäre Vor- und Nachteile von Persönlichkeitseigenschaften aus dem Fünf-Faktoren-Modell (adaptiert und leicht modifiziert von Nettle, 2006, S. 628)

Persönlichkeitseigenschaft	Vorteile	Nachteile
Extraversion	Erfolg beim Dating, viele Verbündete, Personen gehen mit offenen Augen durchs Leben	Eher unfallgefährdet, geringere Familienstabilität durch den extravertierten Lebensstil
Neurotizismus	Personen halten die Augen im Hinblick auf Gefahren offen, Angst als Antriebsfaktor, mehr als andere zu arbeiten und damit auch mehr zu erreichen	Stress und Depression, dadurch auch private Probleme und gesundheitliche Beschwerden
Offenheit	Kreativität, was diese Personen auch attraktiver macht (denken wir an Künstler oder Schauspieler)	Ungewöhnliche Denkmuster, teilweise Nähe zu schizotypen Persönlichkeitseigenschaften oder gar Schizophrenie
Gewissenhaftigkeit	Personen achten besonders auf Nachhaltigkeit und einen langfristigen gesunden Lebensstil, dadurch hohe Lebenserwartung	Besessenheit und Starrheit
Verträglichkeit	Achten stark auf die Befindlichkeiten der Umwelt, harmonische Beziehungen, Team-Player	Werden oftmals ausgenutzt, haben Probleme, ihr eigenes Wohl im Auge zu behalten

et al. (2010) zeigte, dass gewissenhafte Menschen stärker in ihrer Lebenszufriedenheit eingeschränkt sind, wenn sie ihren Arbeitsplatz verlieren, also psychisch mehr leiden. Der beschriebene Effekt fiel ziemlich dramatisch aus. Nach dreijähriger Arbeitslosigkeit erfuhren sehr gewissenhafte im Vergleich zu wenig gewissenhaften Menschen einen um 120 % stärkeren Abfall der Lebenszufriedenheit!

Auch für Offenheit für Erfahrungen oder Verträglichkeit gibt es ähnliche Trade-off-Modelle. Wie schon erwähnt und zur besseren Übersicht habe ich die Vor- und Nachteile der Persönlichkeitseigenschaften aus dem Fünf-Faktoren-Modell, wie Nettle (2006) sie in seiner Studie nennt, in Abb 16.1 (Tab. 16.1) zusammengestellt.

> **Zusammenfassung**
>
> Die Verschiedenheit von Persönlichkeitseigenschaften kann damit zusammenhängen, dass in unterschiedlichen Situationen und Umwelten (Nischen) unterschiedliche Persönlichkeitsmerkmale von Vorteil sind. In einer besonders gefährlichen Umgebung hat die Person Vorteile, die besonders vorsichtig ist. Das heißt, Persönlichkeitseigenschaften sind nie nur gut oder schlecht, sondern müssen im Kontext einer „Nische" gesehen werden.

17
Haben Tiere eine Persönlichkeit?

Können wir bei Tieren zuverlässig Persönlichkeitseigenschaften beobachten? Fast jeder Mensch, der sein Haustier lange kennt, würde diese Frage wahrscheinlich ohne Zögern mit einem klaren „Ja" beantworten. Wissenschaftler tun sich mit der Beantwortung dieser Frage deutlich schwerer. Es ist verwunderlich, dass man dieser wichtigen Frage bis jetzt nur unzureichend nachging. Eine Antwort könnte auch eine große Bedeutung dafür haben, ob man Fleisch isst oder nicht – worüber mittlerweile in vielen Gesellschaften rund um den Globus diskutiert wird.

Ein Grund für die übersichtliche Anzahl an Studien sind sicherlich die vielen Probleme, die sich ergeben, wenn man die Frage nach Persönlichkeitseigenschaften bei Tieren mit wissenschaftlichen Methoden beantworten möchte. Das Hauptproblem liegt wohl darin, dass Tiere keinen Fragebogen ausfüllen bzw. nicht in einem Interview antworten können. Versuchen wir, uns trotzdem dem Thema dieses Kapitels anzunähern.

Zunächst berücksichtigen wir erneut die Information, dass die entwicklungsgeschichtlich alten Hirnareale bei allen Säugetieren sehr ähnlich ausfallen. Damit wäre es wenig überraschend, wenn auch andere Säugetiere neben dem Menschen eine Persönlichkeit besäßen. Denn: Ähnlich ausfallende Strukturen in diesen alten Hirnarealen machen es sehr wahrscheinlich, dass Tiere und Menschen sich in ihren emotionalen Reaktionen ähneln. Wie schon beschrieben stellen emotionale Reaktionen einen wichtigen Teil der Persönlichkeit dar (siehe Kap. 2 oder das Intermezzo nach Kap. 14). Es ist also, zusammenfassend, sicherlich davon auszugehen, dass alle Säugetiere Freude, Trauer, Aggression und die bereits anderen genannten Grundemotionen verspüren (Panksepp 2011). Auf der anderen Seite stellt Emotionalität nur einen Teil der Persönlichkeit dar. Das heißt, die Tatsache, dass Tiere ähnliche Emotionen wie Menschen verspüren, weist für sich alleine genommen nicht ausreichend darauf hin, dass Tiere ähnliche komplexe Persönlichkeitseigenschaften zeigen, wie sie im Humanbereich zu beobachten sind. Es gibt aber erste Studien, die dieser Frage empirisch nachgegangen sind.

Eine Studie von Samuel D. Gosling et al. (2003) sorgte im Hinblick auf das Thema dieses Kapitels für beeindruckende Fortschritte. In ihr wurde der beste Freund des Menschen, der Hund, näher untersucht. Gosling überprüfte mit seinen Kollegen, ob die Persönlichkeitsdimensionen des Fünf-Faktoren-Modells beim Hund genauso wie beim Menschen festzustellen seien. Um dies festzustellen, wählten die Wissenschaftler ein ausgeklügeltes Studiendesign, bei dem zunächst die Hundehalter ihren eigenen Vierbeiner und dann auch sich selbst im Hinblick auf die vier Persönlichkeitseigenschaften Offenheit, Verträglichkeit, Neurotizismus und Extraversion einschätzen mussten; Gewissenhaftigkeit war in der Studie nicht von

Bedeutung, weil durch Vorstudien schon bekannt war, dass diese Eigenschaft außer bei Menschen und Schimpansen wohl nicht beobachtet werden kann (Gosling und John 1999). Eine weitere Person, die den jeweiligen Hund sehr gut kannte, schätzte nun das Tier ebenfalls hinsichtlich der genannten Persönlichkeitseigenschaften ein. Die Ergebnisse der Studie erbrachten eine deutliche Übereinstimmung der Einschätzungen des Hundes durch den Hundehalter und durch die dritte Person. Zudem zeigten sich hohe Werte im Hinblick auf die interne Konsistenz aller Skalen, einen wichtigen statistischen Kennwert in der psychologischen Testtheorie. Eine hohe interne Konsistenz besagte in dieser Studie, dass das Fünf-Faktoren-Modell sowohl im Humanbereich als auch beim Hund zuverlässig gemessen werden konnte. In einem weiteren Experiment der Studie von Gosling et al. wurden die bereits untersuchten Hunde nun auch noch von mehreren Personen in freier Umgebung beobachtet. Diese Personen kannten die Hunde vorher nicht. Wiederum zeigten sich zwischen den Hundehaltern und den fremden Personen in der Feldstudie Übereinstimmungen im Urteil über die Eigenschaften der Hunde. Abschließend konnten die Autoren sogar zeigen, dass die statistischen Effekte immer noch zu beobachten sind, wenn für typische Eigenschaften einer Hunderasse, aber auch Alter und Geschlecht des Hundes kontrolliert worden ist. Eine weitere Übersichtsstudie von Jones und Gosling (2005) untermauert die Idee, dass klassische Persönlichkeitseigenschaften, die wir bis jetzt nur im Humanbereich feststellen und untersuchen konnten, auch bei anderen Tieren zu beobachten sein könnten.

Zusammenfassung

Die Tatsache, dass ähnliche emotionale Schaltkreise bei unterschiedlichen Säugetierspezies festgestellt werden können, lässt den Schluss zu, dass bei Tier und Mensch zum Teil auch ähnliche Persönlichkeitseigenschaften beobachtet werden können. Dies trifft vor allen auf den emotionalen Teil der Persönlichkeit zu. Menschen sind eben auch „nur" Säugetiere.

18
Wer bekommt beim Hören von Musik eine Gänsehaut?

Musik ist für viele Menschen einer der einfachsten Wege, sich in eine traurige oder fröhliche Stimmung zu versetzen. Wenn wir Musik hören, so kann dies in uns starke emotionale Reaktionen hervorrufen. Die stärksten Empfindungen beim Hören von Musik gehen mit sogenannten *Chills* einher. Chills sind intensive körperliche Reaktionen, die u. a. von einer Gänsehaut begleitet werden. Um Chills auszulösen, scheint besonders das Hören von bittersüßen Liedern geeignet zu sein. Hierfür gibt es bereits erste empirische Belege. Vielleicht kennen Sie den Klassiker „For crying out loud, you know I love you" von Meat Loaf. Hier schreit der Sänger Marvin Lee Aday ungefähr in der Mitte der etwa acht Minuten langen Ballade seinen ganzen Liebesschmerz hinaus. Als Jaak Panksepp und Günther Bernatzky (2002) an dieser Stelle des Liedes die Stimme des Sängers herunterfilterten (im Sinne von nach und nach herausnehmen), blieben bei den Zuhörern die ansonsten oft zu beobachtenden Chills verstärkt aus. Den kummervollen Aufschrei des Sängers könnte man auch als *separation call*, also ein emotionales Geräusch, beschreiben, welches die Mitmenschen über den Trennungsschmerz und möglicherweise die

Hilfsbedürftigkeit einer Person informiert. Wenn wir bittersüße Lieder hören, wird bei uns – wie bei dem Sänger des Musik-Projektes Meat Loaf – der SADNESS-Schaltkreis aktiviert. Dies geschieht, weil wir beim Hören automatisch versuchen, das emotionale Erleben der anderen Person zu verstehen. Wir versuchen mehr oder weniger unterbewusst, die emotionale Situation des Sängers nachzuvollziehen, indem wir sie beim Hören der Musik selbst durchleben.

Grundsätzlich macht uns aber das Hören von Musik vor allen Dingen glücklich. Dies gilt besonders für unsere Lieblingsmusik. So konnten Anne J. Blood und Robert J. Zatorre (2001) zeigen, dass Belohnungsareale unseres Gehirns aktiviert werden, wenn wir angenehme Musik hören. Diesen Zusammenhang konnten wir in einer eigenen Studie replizieren. Wir haben Studierende zu einem fMRT-Experiment eingeladen und darum gebeten, das eigene Lieblingslied mitzubringen (Montag et al. 2011). Auch hier war beim Hören der Lieblingsmusik eine starke Aktivierung von Hirnarealen zu beobachten, die eine wichtige Rolle bei der Vermittlung von Belohnung haben. In diesem Kontext ist für therapeutische Zwecke der Sachverhalt von großer Bedeutung, dass das Hören des eigenen Lieblingssongs sogar schmerzstillende Wirkung haben kann. Durch die körpereigene Produktion von Opioiden beim Hören des eigenen Lieblingssongs kann tatsächlich der Wundschmerz nach Operationen oder können die Schmerzen bei der Zahnarztbehandlung reduziert werden (Bernatzky et al. 2011).

Im Hinblick auf die Wirkung von Musik gibt es auch Studien, die untersuchen, welche Bedeutung Persönlichkeitseigenschaften dabei haben. Zum einen zeigen Befunde, dass besonders offene Menschen (Offenheit für Erfahrungen) beim Hören von Musik eine größere Anzahl an Chills erleben können (McCrae 2007). Des Weiteren wurde nachgewiesen, dass Musik in bestimmten Konstellationen einen positiven Einfluss auf die Job-Performanz am Arbeitsplatz haben kann (Lesiuk 2005). Für die Ausprägung dieses positiven Einflusses könnten wiederum Persönlichkeitseigenschaften eine bedeutsame Rolle spielen. Unter anderem zeigte eine kleine Studie von Adrian Furnham und Anna Bradley (1997), dass introvertierte im Vergleich zu extravertierten Personen mehr Probleme haben zu lernen, wenn im Hintergrund Popmusik läuft. Möglicherweise lässt sich dieser Zusammenhang auch auf die Büroarbeit übertragen. Erwähnenswert ist, dass der beobachtete Effekt in der Studie von Furnham und Bradley (1997) statistisch nicht besonders stark ausgeprägt war und Replikationsstudien auch in diesem Bereich von großer Bedeutung sind.

Die Vorliebe für unterschiedliche Arten von Musik steht ebenfalls mit Persönlichkeitseigenschaften im Zusammenhang. Marc Delsing et al. (2005) berichteten, dass Extravertierte besonders gerne Urbanmusik (HipHop und Soul) und Popmusik hören. Klassische Musik und Jazz wurden in der Studie vor allen Dingen von eher verträglichen Menschen gehört. Offene Menschen gaben in dieser Studie u. a. eine Präferenz für Rockmusik an. Eine weitere Studie von Tomas Chamorro-Premuzic und Adrian Furnham (2007) untersuchte etwas später, wie unterschiedliche Persönlichkeitstypen Musik in ihrem Alltag einsetzten. Dabei zeigte sich, dass neurotische, introvertierte, aber auch wenig gewissenhafte Menschen Musik besonders zur Regulation ihrer Emotionen nutzten. Dabei geht es darum, eine Stimmung, die aktuell in einer Situation besteht, zu verstärken oder zu verändern. Offene Menschen und solche mit einem hohen IQ gaben dagegen an, Musik eher kognitiv zu hören. Diesen Menschen geht es vor allem darum, die Schönheit der technischen Fähigkeiten eines Musikers oder die Komplexität einer Komposition zu bewundern.

Wie in anderen Forschungsbereichen gibt es auch hier bereits zahlreiche Assoziationen zwischen Musikwahrnehmung und Persönlichkeit. Tatsache ist, dass Persönlichkeit eine gewisse Rolle für ein Verständnis des weiten Themenkomplexes „Musikwahrnehmung und Hören von Musik" spielt, die genauen Zusammenhänge aber noch nicht abschließend geklärt sind.

> **Zusammenfassung**
>
> Musik zu hören bereitet uns Menschen großes Vergnügen und kann sogar schmerzstillende Wirkung haben. Die Persönlichkeit nimmt Einfluss auf die Art und Weise, wie wir Musik im Alltag verwenden, aber auch darauf, welches Musikgenre wir bevorzugen.

19
Lässt sich aus unseren Datenspuren im Internet ablesen, wer wir sind?

Im Kontext des NSA-Skandals ist uns allen deutlich geworden, dass Daten in einem nicht vorstellbaren Ausmaß über uns gesammelt werden. Dabei muss uns klar sein, dass jede Interaktion, die wir mit einer Maschine (z. B. Smartphone) haben, Einblicke in unser Seelenleben und unsere Persönlichkeit geben kann. Wie funktioniert das?

Zunächst: Wir befinden uns nun im Feld der Psychoinformatik (Markowetz et al. 2014), in dem mit Methoden der Informatik Daten der Interaktion zwischen Mensch und Maschine ausgewertet werden können, um auch Vorhersagen auf psychologische Variablen machen zu können. In einer kleinen Studie mit 49 Teilnehmern ($N=49$) konnten wir so beispielsweise zwischen den klassischen Mobiltelefonvariablen – wie der Anzahl an getätigten Anrufen – und dem Persönlichkeitsmerkmal Extraversion einen Zusammenhang herstellen (Montag et al. 2014). Dies klingt zunächst trivial, da ja zu erwarten war, dass extravertierte Menschen auch mehr telefonieren. Trivial ist dagegen nicht herauszuarbeiten, welche der zahlreichen „Telefonier-Variablen" die beste Vorhersage auf den Grad an Extraversion ermöglicht. Ich zähle nur einmal einige der möglichen Variablen auf, die in unserer Studie untersucht worden sind: Dauer der

Gespräche, Anzahl an Gesprächen, Anzahl an selbst initiierten Gesprächen, Anzahl an eingehenden Anrufen, Anzahl an unterschiedlichen Menschen, die kontaktiert worden sind, etc. In unserer Studie zeigte sich, dass die Gesamtanzahl an selbst initiierten Anrufen durch Mobiltelefon-Nutzer die beste Vorhersage von Extraversion ermöglichte.

Die Fallzahlen der Studie sind klein, größere Studien folgen. Mittlerweile haben wir beispielsweise über 2400 Probanden über mehrere Wochen mit Hinblick auf das Smartphone-Verhalten untersuchen können (Montag et al. 2015a). Diese Probanden haben zusätzlich Angaben über ihre Persönlichkeitseigenschaften sowie Alter, Bildung und Geschlecht gemacht. Hier zeigte sich zunächst, dass Menschen in unserer Studie ein bisschen weniger als drei Stunden (!) pro Tag am Smartphone zubrachten und die Applikation WhatsApp einen der großen Zeitfresser darstellt. WhatsApp ist ein Dienst, mit dem Sie kostenlos Videos, Bilder und Nachrichten an eine oder zeitgleich an mehrere Personen schicken können. Der Erfolg der Applikation zeigt sich darin, dass mittlerweile fast jeder siebte Mensch auf der Welt WhatsApp auf dem Smartphone installiert hat (siehe WhatsApp.com). In unserer Studie zeigte sich, dass WhatsApp ca. 20 % der täglichen Nutzung des Smartphones ausmacht (gefolgt von Facebook mit ca. 10 %; die Zahlen fallen unter Berücksichtigung des Medians anstelle des Mittelwertes ein wenig geringer aus). Die wichtigsten Variablen, um die Dauer der WhatsApp-Nutzung vorherzusagen, waren geringes Alter und weibliches Geschlecht. Frauen verbringen pro Tag ca. 40 min auf WhatsApp, Männer dagegen ca. 27 min. Von Seiten der Persönlichkeitspsychologie waren vor allen Dingen hohe Extraversionswerte und geringe Werte bei Gewissenhaftigkeit wichtige Variablen, um eine längere Nutzung des Dienstes vorherzusagen. Dies ist ebenfalls nachvollziehbar. Extravertiere Menschen nutzen WhatsApp möglicherweise als „verlängerten Arm", um ihr soziales Netzwerk zu erreichen. Wenig gewissenhafte Menschen vertrödeln dagegen gerne ihre Zeit auf diesem Kanal, bevor sie wichtigeren Alltagstätigkeiten nachgehen. Aufgrund der Datenlage könnte man natürlich auch sagen, dass eine längere Nutzungsdauer von WhatsApp es sehr wahrscheinlich macht, dass die Person eher weiblich, jung, wenig gewissenhaft und extravertiert ist. Das heißt, die Mobiltelefon-Daten lassen alleine für sich genommen schon Rückschlüsse auf die Person „hinter dem Telefon" zu.

Insgesamt wird es zeitnah möglich sein, genaue Algorithmen zu bilden; diese werden – im Unterschied zu den Studien aus der Genetik bzw. Bildgebung des Gehirns – mit großer Wahrscheinlichkeit auch Aussagen auf der Individualebene im Hinblick auf Persönlichkeitseigenschaften und ähnliche psychische Variablen ermöglichen. Dieser Gedanke wird durch aktuelle Studien aus dem Bereich der Psychoinformatik untermauert. Beispielsweise konnten Kosinski et al. (2013) durch die Analyse von über 58.000 Facebook-Profilen (Verwendung von „Likes") mit einer Wahrscheinlichkeit von über 80 % zutreffende Aussagen über die sexuelle Orientierung, ethnische Zugehörigkeit oder politische Ausrichtung einer Person machen! Zusätzlich zeigen weitere neue Studien von Schwartz et al. (2013) und Kern et al. (2014), dass die sprachliche Auswertung dieser Profile es möglich macht, auf die Persönlichkeit zu schließen. Durch „Textmining" – eine algorithmus-basierte Analyse zur Entdeckung von Inhaltsstrukturen – wird ausgewertet, wie oft beispielsweise von einzelnen Personen Worte wie „depressiv", „traurig" oder negative Emoticons genutzt werden, was dann wiederum ein gute Schlussfolgerung in Bezug auf Neurotizismus möglich macht. Uns allen muss also klar sein, dass unsere Datenspuren gute Vorhersagen bzw. Schlussfolgerungen auf uns ermöglichen. Ein paar Beispiele: Wenn eine Person besonders oft die Worte „YouTube", „Langeweile/gelangweilt" oder „Pokemon" gebraucht hat, scheint es dieser besonders an Gewissenhaftigkeit zu fehlen. Menschen mit einer geringen Verträglichkeit verwenden dagegen viele Schimpfwörter. In den Profilen von Facebook-Nutzern mit hohen Neurotizismuswerten finden sich dagegen eher Worte wie „allein sein", „etwas satt haben", sich „krank" oder „depressiv" fühlen. Im Kontext der Facebook-Forschung ist ebenfalls eine Studie von You-You et al. (2015) von großer Bedeutung: Computermodelle konnten anhand von Facebook-Likes besser vorhersagen, wie die Persönlichkeit einer Person aussieht, als dies die eigenen Freunde konnten!

Durch die neuen Technologien und den Wissenschaftszweig Psychoinformatik ergeben sich – neben dem Profiling – aber auch interessante Chancen für das Gesundheitswesen. Möglicherweise wird in Zukunft der Verlauf einer Depression durch das Smartphone gemessen werden können und dies eine interessante Hilfe bei der psychotherapeutischen Behandlung darstellen (Markowetz et al. 2014). Folgendes Szenario wäre denkbar: Eine depressive Person geht z. B. kaum aus dem Haus (das GPS-Signal bewegt sich kaum), telefoniert wenig, und wenn sie einmal eine Nachricht verschickt, dann nur mit negativen Textinhalten. Nach erfolgreicher Behandlung wird die Person wieder aktiver, sie telefoniert häufiger (mehr Teilnahme am sozialen Leben) und die Inhalte in den Textnachrichten werden positiver. Bedenkt man, dass der psychologische Psychotherapeut den Patienten meist nur einmal in der Woche sieht, so könnten Smartphonedaten über Krankheitsverläufe eine wichtige weitere Datenquelle darstellen und zur Verbesserung der Therapie beitragen. Das Ganze bringt große datenschutzrechtliche Probleme mit sich, aber gerade im professionellen Verhältnis von Patient und Therapeut kann die klassische Schweigepflicht helfen, um einen sicheren Rahmen für die Nutzung der Daten zu schaffen. Zusätzlich lassen sich die aufgezeichneten Daten im Hinblick auf die datenschutzrechtliche Problematik recht abstrakt halten. Zum Beispiel würden beide Parteien vor der Therapie einwilligen, dass die Anzahl positiver und negativer Wörter gezählt werden darf. Dagegen könnte man sich darauf einigen, keine Inhalte mitzulesen. Letzten Endes ist aber jede Form von Daten sensibel.

> **Zusammenfassung**
>
> Tatsächlich lassen sich bereits heute aufgrund von Daten aus der Mensch-Maschine-Interaktion gut Rückschlüsse auf die Persönlichkeitseigenschaften ziehen. Dies wird in naher Zukunft sogar noch viel besser möglich sein und wir müssen uns überlegen, welche Online-Services wir in Zukunft überhaupt noch nutzen wollen, da wir überall transparenter werden.

20
Wer hat seinen Technologiegebrauch nicht im Griff?

Das Internet ist kaum älter als 20 Jahre und hat sowohl unseren Alltag als auch unser Berufsleben total umgekrempelt. Von überall können wir heutzutage twittern, whatsappen, facebooken oder Preise vergleichen, wenn wir gerade im Discounter eine Waschmaschine kaufen möchten. Zweifelsohne ist das Internet eine große Errungenschaft und nimmt zu Recht einen großen Stellenwert in unserem Leben ein. Inzwischen haben sich aber auch Schattenseiten gezeigt. Immer mehr Menschen haben ihren Onlinekonsum nicht mehr im Griff, verlieren sich manchmal sogar in Onlinewelten und legen ihr Smartphone nicht mehr aus der Hand.

Auch wenn der Begriff „Internet- und Smartphonesucht" noch sehr umstritten ist, sollte doch jedem, der mit offenen Augen durch die Welt geht, klar sein, dass es eine Übernutzung von Technologien gibt. Menschen zahlen z. B. 100 € für eine Konzertkarte und kriegen nichts vom Konzert mit, weil sie im Dunkeln schlechte wackelige Videos davon machen; vermutlich schauen sie sich diese Videos nie wieder an. Am Arbeitsplatz werden wir von E-Mails überschüttet und kommen gar nicht mehr richtig zum Arbeiten, weil unser Alltag durch die ständigen akustischen und visuell eingehenden Nachrichten zunehmend fragmentiert wird.

Die folgende Episode macht die Problematik ebenfalls anschaulich. Sie spielt in einem Zoo in Singapur, den ich besuchte, hätte sich aber genauso gut an vielen anderen Orten abspielen können. Mir kommt ein kleines Mädchen entgegen, welches so von seinem Smartphone gefesselt ist, dass es dabei die Tiere – wie Giraffen oder Löwen – überhaupt nicht wahrnimmt; jedes Kind findet doch sonst einen Zoo toll! Szenenwechsel: Wir treffen abends in der Kneipe unsere Freunde und starren dort oftmals lieber auf einen kleinen Bildschirm, als sich an einem Gespräch zu beteiligen.

Insgesamt habe ich den Eindruck, dass wir durch die Technologisierung verlernen, den Moment zu leben und die einfachen und oftmals schönen Dinge um uns herum noch wahrzunehmen. Wie schön kann der erste Frühlingstag, das Grün der Bäume, das Rauschen eines Baches oder der erste Schnee doch sein! Wir wissen es bald vor lauter Digitalisierung nicht mehr.

Was hat die Persönlichkeitspsychologie über die Übernutzung von Internet & Co. herausgefunden?

Im Hinblick auf eine generelle Übernutzung des Internets stand zunächst (und wie so oft, wenn es um Psychopathologien geht) die Persönlichkeitseigenschaft Neurotizismus im Vordergrund. Tatsächlich ist eine größere Ängstlichkeit in einigen Fällen mit erhöhter Internetnutzung assoziiert worden (z. B. Hardie und Tee 2007). Menschen, die Probleme haben, direkt mit anderen Menschen zu kommunizieren, nutzen Onlinemedien oftmals als indirekte Möglichkeit, ihrem Bedürfnis nach menschlicher Nähe nachzukommen. Ich habe mich vor einiger Zeit jedoch gefragt, ob es nicht eine Persönlichkeitseigenschaft gibt, die deutlich besser erklärt, warum Menschen das Internet übernutzen. Dabei stellte sich heraus, dass Self-Directedness oder – in freier deutscher Übersetzung – Selbstregulierungsfähigkeiten das Phänomen deutlich besser charakterisieren können. Damit ist nicht nur große Gewissenhaftigkeit gemeint; zusätzlich beschreibt diese Persönlichkeitseigenschaft Menschen, die mit sich im Reinen sind, ein gesundes ausgeprägtes Selbstwertgefühl haben und Dinge direkt umsetzen wollen. Eine Person, die prokrastiniert – also alles, was heute wichtig ist, auf morgen verschiebt –, steht für das genaue Gegenteil. Und in der Tat: Menschen mit einer geringen Selbstregulationsfähigkeit neigen dazu, wenn sie nach Hause kommen, erst mal rumzusurfen, E-Mails zu checken etc., bevor sie sich an die wichtigeren Alltagsaufgaben machen (Montag et al. 2010). Diesen Befund konnten wir übrigens in mehreren Studien robust beobachten und schließlich sogar rund um den Globus in unterschiedlichen Kulturen feststellen (Sariyska et al. 2014). Eine neue großangelegte Smartphone-Studie zeigte, dass in einer Stichprobe von über 2400 Teilnehmern die Nutzer jeden Tag fast drei Stunden am Smartphone verbringen und dass der treibende Faktor WhatsApp ist; die Studie hatte ich im vorigen Kapitel bereits eingeführt (Montag et al. 2015a). Viele sagen – ist doch alles gar nicht so schlimm: „Ich kommuniziere doch auf einem sozialen Kanal und pflege somit meine Freundschaften." Tatsächlich nehmen uns Smartphone & Co. aber sehr viel Zeit im Alltag weg. Mit den Freunden, die uns besonders wichtig sind, können wir dann nicht mehr ausreichend viel Zeit verbringen.

Ein weiteres Beispiel für die geänderten Gewohnheiten: Viele von uns tragen keine Armbanduhr mehr oder haben keinen „klassischen" Wecker mehr im Schlafzimmer. Eine Studie zeigte, dass dies auch Menschen sind, die ihr Smartphone besonders häufig nutzen (Montag et al. 2015c). Eigentlich will man nur nach der Uhrzeit sehen, zieht das Telefon aus der Hosentasche und erkennt, dass eine Nachricht eingegangen ist. Schon macht man etwas mit dem Gerät, was man eigentlich gar nicht machen wollte. Wenn das Smartphone dann wieder in der Hosentasche steckt, weiß man häufig immer noch nicht, wie viel Uhr es ist.

Gibt es Lösungsansätze? Ja. Den Alltag durch klassische Zeitgeber wieder strukturieren zu lernen, E-Mail-Postfächer zu schließen und das Smartphone in Phasen, in denen starke Konzentration erforderlich ist, auszumachen – all das kann helfen. Genauso wie das Einrichten von festen Zeiten, um Mails abzuarbeiten (Kushlev und Dunn 2015). Möglicherweise hilft dies besonders den Menschen, die eher geringe Selbstregulationsfähigkeiten haben.

> **Zusammenfassung**
>
> Geringe Selbstregulationsfähigkeiten charakterisieren Menschen, die zu viel Zeit im Internet verbringen. Einfache Strategien, wie eine Armbanduhr zu tragen und E-Mails zu festen Zeiten abzurufen, könnten besonders Menschen mit diesen Persönlichkeitseigenschaften helfen, ihren Onlinekonsum zu reduzieren.

21
Persönlichkeit: ein übergreifendes (biopsychologisches) Modell

Unser kurzer Streifzug durch die aktuelle (und klassische) Persönlichkeitspsychologie kommt zum Schluss. Ihnen ist bestimmt aufgefallen, dass es ein großes Arsenal an unterschiedlichen Methoden gibt, um Unterschiede in Persönlichkeitseigenschaften besser zu verstehen und damit auch die Frage „Warum bin ich so, wie ich bin?" beantworten zu können. Auch wenn es viele interessante Befunde aus ganz unterschiedlichen Forschungsperspektiven gibt, so stehen wir doch nach wie vor in unserem Bemühen, unsere Identität besser zu verstehen, ganz am Anfang. Wir haben sehr viele Puzzleteile „auf dem Tisch liegen", die aber noch deutlich besser zusammengefügt werden müssen, um das große Bild „Persönlichkeit" verstehen zu können. Ganz klar: Es liegt noch eine weite Reise vor uns.

Um die unterschiedlichen Ebenen der Untersuchung der Persönlichkeit besser zu verknüpfen, folgt diese letzte Abbildung (in Anlehnung an Montag et al. 2013), die den weiten Bogen von der Genetik bis zum menschlichen Verhalten spannt (Abb. 21.1).

Die Genetik beeinflusst gemeinsam mit der Umwelt, wie unser Gehirn auf struktureller und funktioneller Ebene verschaltet ist. Zusätzlich formen Genetik und Umwelt

148 Persönlichkeit

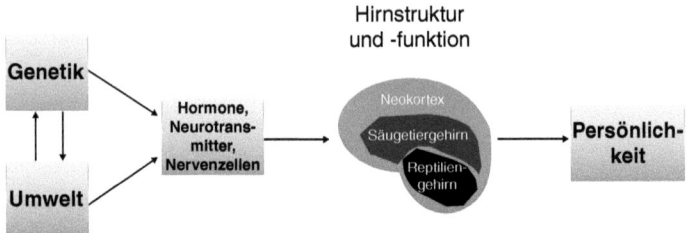

Abb. 21.1 Der weite Weg von Genetik und Umwelt über Nervenzellen und deren Botenstoffe bis hin zu Gehirn und Persönlichkeit.

natürlich auch die biochemischen Prozesse, die diesen Unterschieden in Hirnstruktur und -funktion unterliegen. Unterschiede im Gehirn und den zugrunde liegenden biochemischen Prozessen auf der Ebene der Nervenzellen erklären Unterschiede in der menschlichen Persönlichkeit. Diese unterschiedlichen Ebenen sind in den Kapiteln des Buches verschieden stark hervorgehoben worden. Wichtig ist zu erkennen, dass die unterschiedlichen Ebenen wie Genetik, Hormone und Neurotransmitter, Nervenzellen, Hirnstruktur und Hirnfunktion nicht isoliert zueinander stehen, sondern tief miteinander verwoben sind. Wenn wir „Persönlichkeit" verstehen wollen, müssen wir diese unterschiedlichen Variablen in Einklang bringen. Es bleibt festzuhalten, dass Persönlichkeit weder das alleinige Produkt von Genetik noch Umwelt ist, sondern beide Faktoren greifen tief ineinander und beeinflussen gemeinsam wer wird sind. Zusätzlich müssen in Zukunft neben der Nutzung von Fragebögen zur Messung der subjektiven Persönlichkeit auch deutlich mehr Variablen aus dem Alltag berücksichtigt werden, die Einblicke in das tatsächliche Verhalten einer Person geben. Dabei kann uns das neue Feld Psychoinformatik behilflich sein, wo beispielsweise das tägliche Verhalten am Smartphone oder andere Formen der Interaktion zwischen Mensch und Maschine als interessante Datenquellen in Bezug auf Persönlichkeit und ihre Eigenschaften dienen könnten (Montag et al. 2015a). Dieser Forschungsansatz hat auch den Vorteil, dass mehr längsschnittliche Studien durchgeführt werden können, die eher Rückschlüsse auf Ursache-Wirkungs-Prinzipien zu lassen. Dies ist bei vielen Studien aufgrund der Persönlichkeits-Messungen zu einem einzigen Zeitpunkt nicht möglich. Die Berücksichtigung dieser Alltagsvariablen wird auch dem dynamischen Persönlichkeitsbegriff (Mischel 2004), den wir in Kap. 2 kennengelernt haben, deutlich besser Rechnung tragen.

Ein Großteil der empirischen Persönlichkeitsforschung folgt der Hypothese, dass ein gleiches Gehirn gleiche Persönlichkeitseigenschaft oder die gleiche Persönlichkeitsstruktur erzeugt. Tatsächlich ist es aber auch denkbar, dass unterschiedliche Hirnverschaltungen oder Hirnaktivierungen zu gleichen Eigenschaften führen könnten. Eine Studie am Krebs *Cancer Borealis* zeigte, dass unterschiedliche Nervenzellsignale zu einer gleichen Verdauungsfunktion führten (Goaillard et al. 2009). Natürlich ist es ein weiter Weg von dieser Studie zur menschlichen Persönlichkeit, trotzdem unterstreicht sie den Gedanken, dass es, sprichwörtlich, viele Wege nach Rom gibt. Überhaupt ist ein Verständnis der menschlichen Persönlichkeit nur im Kontext neuronaler Netzwerke denkbar. Hierunter versteht man, dass viele Hirnareale zusammenarbeiten, die in einem komplexen „Konzert" aus Hemmungen und Aktivierungen von Nervenzellen Persönlichkeitseigenschaften und damit unsere Individualität erzeugen. In den nächsten Jahren wird die

Erforschung des menschlichen Konnektoms, also die Erforschung von Verschaltungen und dem Zusammenspiel unterschiedlicher Hirnareale, sicherlich neue Einblicke in unsere Individualität ermöglichen (vgl. z. B. Sporns et al. 2005; Markett et al. 2015).

Ich möchte das Buch mit dem Ausspruch eines bedeuteten biologisch orientierten Persönlichkeitsforschers beenden, welcher meines Erachtens die Bedeutsamkeit der Biologie für ein Verständnis der menschlichen Persönlichkeit auf den Punkt bringt: „Auf lange Sicht muss jede Beschreibung des Verhaltens falsch sein, die nicht im Einklang mit unserem Wissen über das Nervensystem und das endokrine System steht" (Gray 1971/1987, S. 241).

Nachwort

Dieses Buch ist entstanden, um einem breiten interessierten Publikum aus einer wissenschaftlichen Perspektive aktuelle Einsichten über unsere Persönlichkeit näherzubringen. Dabei habe ich mich auf einige wenige Fragen konzentriert, ohne den Anspruch haben zu wollen, jede relevante Studie zu den unterschiedlichen Bereichen zu berücksichtigen. Dies ist in der Kürze des vorliegenden Buches auch gar nicht möglich und würde ein großes mehrbändiges Kompendium benötigen. Trotzdem habe ich mich bemüht, ein aktuelles Buch über den Themenkomplex zu verfassen, das hoffentlich ein wenig Licht in die große Frage nach unserer Individualität gebracht hat. Ich habe mit Absicht ein solch kurzes Buch mit knappen Kapiteln geschrieben, da wir in unserer sich immer schneller wandelnden Gesellschaft über immer weniger Zeit verfügen, um uns einem Thema ausführlich zu widmen. Dennoch gibt es ein reges Interesse, sich weiterzubilden. Von daher bin ich der Überzeugung, dass die vorliegende Struktur des Buches auch Menschen mit wenig Zeit einen Zugang zum besprochenen Themenkomplex eröffnet.

Vielleicht hat dieses kurze Buch Ihnen „Lust auf mehr" gemacht und Sie wollen auf eigene Faust in der Literatur stöbern? Als interessante Suchmaschinen kann ich Ihnen u. a. pubmed.com und Google Scholar empfehlen. Pubmed stellt eine Suchmaschine für Fachartikel dar, die meistens in der Medizin oder Biologie zu verorten sind. Hier finden sich vor allen Dingen biologisch orientiere Persönlichkeitsstudien. Die andere öffentlich zugängliche Datenbank ist Google Scholar, die einen breiten Überblick über die Fachliteratur weltweit bereithält (nicht nur Psychologie, Medizin oder Biowissenschaften). PsycInfo, wo viele Fachartikel aus der Psychologie zu finden sind, ist zum großen Teil leider nicht kostenfrei zugänglich.

Zu guter Letzt möchte ich mich bei einigen Menschen bedanken, ohne die das vorliegende Buch nicht möglich gewesen wäre. Zuerst bedanke ich mich bei meiner Frau Susanne für ihre langjährige Liebe und Unterstützung. Danke auch an meine Eltern Udo und Ingrid und meinen Bruder Thomas für den großen Rückhalt. Ingrid hat übrigens auch zwei Abbildungen für das Buch beigetragen. Danke! Zusätzlich danke ich dem Verlags-Team bei Springer (Marion Krämer, Anja Groth), ohne dessen Unterstützung das vorliegende Buchprojekt nicht hätte umgesetzt werden können. Ankita Parad danke ich für die Unterstützung bei der Bearbeitung der Druckfahnen. Ein besonderer Dank gilt Thomas Reichert für das extrem ausführliche und hilfreiche Lektorat! Das Buch hat dadurch wesentlich an Lesbarkeit gewonnen.

Lernen Sie sich weiterhin kennen.

Christian Montag, im November 2015

Weitere Infos über aktuelle Forschung und weitere Aktivitäten von Christian Montag finden sich auf der Webseite www.christianmontag.de

Literatur

Abele, A. E. (2003). The dynamics of masculine-agentic and feminine-communal traits: Findings from a prospective study. *Journal of Personality and Social Psychology, 85*(4), 768–776.

Ackerman, P. L. (2003). Cognitive ability and non-ability trait determinants of expertise. *Educational Researcher, 32*(8), 15–20.

Alcaro, A., Panksepp, J., & Huber, R. (2011). d-Amphetamine stimulates unconditioned exploration/approach behaviors in crayfish: Towards a conserved evolutionary function of ancestral drug reward. *Pharmacology Biochemistry and Behavior, 99*(1), 75–80.

Ando, J., Suzuki, A., Yamagata, S., Kijima, N., Maekawa, H., Ono, Y., & Jang, K. L. (2004). Genetic and environmental structure of Cloninger's temperament and character dimensions. *Journal of Personality Disorders, 18*(4), 379–393.

Ardelt, M. (2000). Still stable after all these years? Personality stability theory revisited. *Social Psychology Quarterly, 63*(4), 392–405.

Arslan, R. C., & Penke, L. (2015). Zeroing in on the genetics of intelligence. *Journal of Intelligence, 3*(2), 41–45.

Ashton, M. C., Lee, K., Vernon, P. A., & Jang, K. L. (2000). Fluid intelligence, crystallized intelligence, and the openness/intellect factor. *Journal of Research in Personality, 34*(2), 198–207.

Ashton, M. C., Lee, K., Perugini, M., Szarota, P., de Vries, R. E., Di Blas, L., Boies, K., & De Raad, B. (2004). A six-factor structure of personality-descriptive adjectives: Solutions from psycholexical studies in seven languages. *Journal of Personality and Social Psychology, 86*(2), 356–366.

Augustine, A. A., & Larsen, R. J. (2012). Is a trait really the mean of states? Similarities and differences between traditional and aggregate assessments of personality. *Journal of Individual Differences, 33*(3), 131–137.

Bakan, D. (1966). *The duality of human existence: An essay on psychology and religion.* Chicago: Rand McNally. (Dt. (1976). *Mensch im Zwiespalt. Psychoanalytische, soziologische und religiöse Aspekte der Anthropologie.* München: Kaiser/Matthias-Grünewald-Verlag).

Barrick, M. R., & Mount, M. K. (1991). The big five personality dimensions and job performance: A meta-analysis. *Personnel Psychology, 44*(1), 1–26.

Bennett, M., Manning, J. T., Cook, C. J., & Kilduff, L. P. (2010). Digit ratio (2D: 4D) and performance in elite rugby players. *Journal of Sports Sciences, 28*(13), 1415–1421.

Bernatzky, G., Presch, M., Anderson, M., & Panksepp, J. (2011). Emotional foundations of music as a non-pharmacological pain management tool in modern medicine. *Neuroscience & Biobehavioral Reviews, 35*(9), 1989–1999.

Bibby, P. A., & Ferguson, E. (2011). The ability to process emotional information predicts loss aversion. *Personality and Individual Differences, 51*(3), 263–266.

Blanchard, R. J., Yang, M., Li, C. I., Gervacio, A., & Blanchard, D. C. (2001). Cue and context conditioning of defensive behaviors to cat odor stimuli. *Neuroscience & Biobehavioral Reviews, 25*(7), 587–595.

Blood, A. J., & Zatorre, R. J. (2001). Intensely pleasurable responses to music correlate with activity in brain regions implicated in reward and emotion. *Proceedings of the National Academy of Sciences, 98*(20), 11818–11823.

Bogg, T., & Roberts, B. W. (2004). Conscientiousness and health-related behaviors: A meta-analysis of the leading behavioral contributors to mortality. *Psychological Bulletin, 130*(6), 887–919.

Boring, E. G. (1923). Intelligence as the tests test it. *New Republic, 36,* 35–37.

Bosson, J. K., Swann, W. B., Jr., & Pennebaker, J. W. (2000). Stalking the perfect measure of implicit self-esteem: The blind men and the elephant revisited? *Journal of Personality and Social Psychology, 79*(4), 631–643.

Boyce, C. J., Wood, A. M., & Brown, G. D. (2010). The dark side of conscientiousness: Conscientious people experience greater drops in life satisfaction following unemployment. *Journal of Research in Personality, 44*(4), 535–539.

Buckholtz, J. W., & Meyer-Lindenberg, A. (2008). MAOA and the neurogenetic architecture of human aggression. *Trends in Neurosciences, 31*(3), 120–129.

Bujalkova, M., Straka, S., & Jureckova, A. (2001). Hippocrates' humoral pathology in nowaday's reflections. *Bratislavske Lekarske Listy, 102*(10), 489–492.

Burgdorf, J., Wood, P. L., Kroes, R. A., Moskal, J. R., & Panksepp, J. (2007). Neurobiology of 50-kHz ultrasonic vocalizations in rats: Electrode mapping, lesion, and pharmacology studies. *Behavioural Brain Research, 182*(2), 274–283.

Canals, J., Vigil-Colet, A., Chico, E., & Martí-Henneberg, C. (2005). Personality changes during adolescence: The role of gender and pubertal development. *Personality and Individual Differences, 39*(1), 179–188.

Canli, T., Sivers, H., Whitfield, S. L., Gotlib, I. H., & Gabrieli, J. D. (2002). Amygdala response to happy faces as a function of extraversion. *Science, 296*(5576), 2191–2191.

Caspi, A., Sugden, K., Moffitt, T. E., Taylor, A., Craig, I. W., Harrington, H., et al. (2003). Influence of life stress on depression:

Moderation by a polymorphism in the 5-HTT gene. *Science, 301*(5631), 386–389.

Cattell, R. B. (1963). Theory of fluid and crystallized intelligence: A critical experiment. *Journal of Educational Psychology, 54*(1), 1–22.

Chamorro-Premuzic, T., & Furnham, A. (2004). A possible model for understanding the personality-intelligence interface. *British Journal of Psychology, 95*(2), 249–264.

Chamorro-Premuzic, T., & Furnham, A. (2007). Personality and music: Can traits explain how people use music in everyday life? *British Journal of Psychology, 98*(2), 175–185.

Chamorro-Premuzic, T., Moutafi, J., & Furnham, A. (2005). The relationship between personality traits, subjectively-assessed and fluid intelligence. *Personality and Individual Differences, 38*(7), 1517–1528.

Cloninger, C. R., Svrakic, D. M., & Przybeck, T. R. (1993). A psychobiological model of temperament and character. *Archives of General Psychiatry, 50*(12), 975–990.

Coates, J. M., Gurnell, M., & Rustichini, A. (2009). Second-to-fourth digit ratio predicts success among high-frequency financial traders. *Proceedings of the National Academy of Sciences, 106*(2), 623–628.

Coen, S. J., Kano, M., Farmer, A. D., Kumari, V., Giampietro, V., Brammer, M., Wiliams, S. C., & Aziz, Q. (2011). Neuroticism influences brain activity during the experience of visceral pain. *Gastroenterology, 141*(3), 909–917.

Costa, P. T., Jr., & McCrae, R. R. (1992). Normal personality assessment in clinical practice: The NEO personality inventory. *Psychological Assessment, 4*(1), 5–13.

Costa, P. T., Jr., & McCrae, R. R. (1994). Set like plaster? Evidence for the stability of adult personality. In T. F. Heatherton & J. L. Weinberger (Hrsg.), *Can personality change?* (S. 21–40). Washington, DC: American Psychological Association.

Damasio, A. R. (1996). The somatic marker hypothesis and the possible functions of the prefrontal cortex. *Philosophical Transactions of the Royal Society B: Biological Sciences, 351*(1346), 1413–1420.

Damasio, H., Grabowski, T., Frank, R., Galaburda, A. M., & Damasio, A. R. (1994). The return of Phineas Gage: Clues about the brain from the skull of a famous patient. *Science, 264*(5162), 1102–1105.

Darwin, C. ([1871] 2012). *Die Abstammung des Menschen (Voll illustrierte und biographisch kommentierte Gesamtausgabe)*. Altenmünster: Jazzybee Verlag.

Davis, K. L., & Panksepp, J. (2011). The brain's emotional foundations of human personality and the Affective Neuroscience Personality Scales. *Neuroscience & Biobehavioral Reviews, 35*(9), 1946–1958.

Davis, K. L., Kahn, R. S., Ko, G., & Davidson, M. (1991). Dopamine in schizophrenia: A review and reconceptualization. *The American Journal of Psychiatry, 148*(11), 1474–1486.

Davis, K. L., Panksepp, J., & Normansell, L. (2003). The affective neuroscience personality scales: Normative data and implications. *Neuropsychoanalysis: An Interdisciplinary Journal for Psychoanalysis and the Neurosciences, 5*(1), 57–69.

Delsing, M. J. M. H., Ter Bogt, T. F. M., Engels, R. C. M. E., & Meeus, W. H. (2008). Adolescents' music preferences and personality characteristics. *European Journal of Personality, 22*(2), 109–130.

DeYoung, C. G. (2006). Higher-order factors of the Big Five in a multi-informant sample. *Journal of Personality and Social Psychology, 91*(6), 1138–1151.

DeYoung, C. G., Hirsh, J. B., Shane, M. S., Papademetris, X., Rajeevan, N., & Gray, J. R. (2010). Testing predictions from personality neuroscience brain structure and the big five. *Psychological Science, 21*(6), 820–828.

Diekman, A. B., & Eagly, A. H. (2000). Stereotypes as dynamic constructs: Women and men of the past, present, and future. *Personality and Social Psychology Bulletin, 26*(10), 1171–1188.

Drago, V., Babiloni, C., Bartrés-Faz, D., Caroli, A., Bosch, B., Hensch, T., et al. (2011). Disease tracking markers for Alzheimer's disease at the prodromal (MCI) stage. *Journal of Alzheimer's Disease, 26*(Suppl. 3), 159–199.

Duckworth, A. L., & Seligman, M. E. P. (2005). Self-discipline outdoes IQ in predicting academic performance of adolescents. *Psychological Science, 16*(12), 939–944.

Dunbar, R. I. (2010). The social role of touch in humans and primates: Behavioural function and neurobiological mechanisms. *Neuroscience & Biobehavioral Reviews, 34*(2), 260–268.

Edmonds, G. W., Jackson, J. J., Fayard, J. V., & Roberts, B. W. (2008). Is character fate, or is there hope to change my personality yet? *Social and Personality Psychology Compass, 2*(1), 399–413.

Edwards, A. C., Dodge, K. A., Latendresse, S. J., Lansford, J. E., Bates, J. E., Pettit, G. S., Budde, J. P., Goate, A. M., & Dick, D. M. (2010). MAOA-uVNTR and early physical discipline interact to influence delinquent behavior. *Journal of Child Psychology and Psychiatry, 51*(6), 679–687.

Eysenck, H. J. (1967). *The biological basis of personality*. Springfield: Thomas.

Eysenck, H. J. (1991). Dimensions of personality: 16, 5 or 3? – Criteria for a taxonomic paradigm. *Personality and Individual Differences, 12*(8), 773–790.

Feingold, A. (1994). Gender differences in personality: A meta-analysis. *Psychological Bulletin, 116*(3), 429–456.

Fink, B., Manning, J. T., & Neave, N. (2004). Second to fourth digit ratio and the „big five" personality factors. *Personality and Individual Differences, 37*(3), 495–503.

Fischer-Shofty, M., Levkovitz, Y., & Shamay-Tsoory, S. G. (2013). Oxytocin facilitates accurate perception of competition in men

and kinship in women. *Social Cognitive and Affective Neuroscience, 8*(3), 313–317.
Fiske, D. W. (1949). Consistency of the factorial structures of personality ratings from different sources. *The Journal of Abnormal and Social Psychology, 44*(3), 329–344.
Fiske, D. W. (1994). Two cheers for the Big Five! *Psychological Inquiry, 5*(2), 123–124.
Franklin, C., Johnson, L. V., White, L., Franklin, C., & Smith-Olinde, L. (2013). *The relationship between personality type and acceptable noise levels: A pilot study*. ISRN otolaryngology, 2013.
Freud, S. (1923/2000). Das Ich und das Es. *Sigmund Freud Studienausgabe, 3,* 273–330.
Furnham, A., & Bradley, A. (1997). Music while you work: The differential distraction of background music on the cognitive test performance of introverts and extraverts. *Applied Cognitive Psychology, 11*(5), 445–455.
Goaillard, J. M., Taylor, A. L., Schulz, D. J., & Marder, E. (2009). Functional consequences of animal-to-animal variation in circuit parameters. *Nature Neuroscience, 12*(11), 1424–1430.
Gosling, S. D., & John, O. P. (1999). Personality dimensions in nonhuman animals: A cross-species review. *Current Directions in Psychological Science, 8*(3), 69–75.
Gosling, S. D., Kwan, V. S., & John, O. P. (2003). A dog's got personality: A cross-species comparative approach to personality judgments in dogs and humans. *Journal of Personality and Social Psychology, 85*(6), 1161–1169.
Grant, A. M. (2013). Rethinking the extraverted sales ideal. The ambivert advantage. *Psychological Science, 24*(6), 1024–1030.
Gray, J. A. (1987). *The psychology of fear and stress*. Cambridge: Cambridge University Press. (Dt. (1971). *Angst und Stress. Entstehung und Überwindung von Neurosen und Frustrationen*. München: Kindler).

Gray, J. A., & McNaughton, N. (2000). *The neuropsychology of anxiety: An enquiry into the functions of the septo-hippocampal system.* Oxford: Oxford University Press.

Gregory, S., Simmons, A., Kumari, V., Howard, M., Hodgins, S., & Blackwood, N. (2012). The antisocial brain: Psychopathy matters: A structural MRI investigation of antisocial male violent offenders. *Archives of General Psychiatry, 69*(9), 962–972.

Guastella, A. J., Einfeld, S. L., Gray, K. M., Rinehart, N. J., Tonge, B. J., Lambert, T. J., & Hickie, I. B. (2010). Intranasal oxytocin improves emotion recognition for youth with autism spectrum disorders. *Biological Psychiatry, 67*(7), 692–694.

Hadley, J. G. (2004). A test of Bandura's theory: Generalized self-efficacy and the personality traits of introversion and extroversion as measures of job performance (Albert Bandura). Dissertation, Saybrook Graduate School and Research Center, San Francisco, CA.

Hardie, E., & Tee, M. (2007). Excessive internet use: The role of personality, loneliness, and social support networks in internet addiction. *Australian Journal of Emerging Technologies and Society, 5*(1), 34–47.

Helson, R., Kwan, V. S., John, O. P., & Jones, C. (2002). The growing evidence for personality change in adulthood: Findings from research with personality inventories. *Journal of Research in Personality, 36*(4), 287–306.

Hönekopp, J., & Watson, S. (2010). Meta-analysis of digit ratio 2D: 4D shows greater sex difference in the right hand. *American Journal of Human Biology, 22*(5), 619–630.

Hönekopp, J., Bartholdt, L., Beier, L., & Liebert, A. (2007). Second to fourth digit length ratio (2D: 4D) and adult sex hormone levels: New data and a meta-analytic review. *Psychoneuroendocrinology, 32*(4), 313–321.

Howes, O. D., Bose, S. K., Turkheimer, F., Valli, I., Egerton, A., Valmaggia, L. R., Murray, R. M., & McGuire, P. (2011).

Dopamine synthesis capacity before onset of psychosis: A prospective [18F]-DOPA PET imaging study. *American Journal of Psychiatry, 168*(12), 1311–1317.

Insel, T. R., & Young, L. J. (2001). The neurobiology of attachment. *Nature Reviews Neuroscience, 2*(2), 129–136.

Jackson, J. J., Connolly, J. J., Garrison, S. M., Leveille, M. M., & Connolly, S. L. (2015). Your friends know how long you will live a 75-year study of peer-rated personality traits. *Psychological Science, 26*(3), 335–340.

Jardine, R., Martin, N. G., Henderson, A. S., & Rao, D. C. (1984). Genetic covariation between neuroticism and the symptoms of anxiety and depression. *Genetic Epidemiology, 1*(2), 89–107.

Jones, A. C., & Gosling, S. D. (2005). Temperament and personality in dogs (Canis familiaris): A review and evaluation of past research. *Applied Animal Behaviour Science, 95*(1), 1–53.

Judge, T. A., Bono, J. E., Ilies, R., & Gerhardt, M. W. (2002). Personality and leadership: A qualitative and quantitative review. *Journal of Applied Psychology, 87*(4), 765–780.

Kagan, J. (1997). Temperament and the reactions to unfamiliarity. *Child Development, 68*(1), 139–143.

Kahneman, D., & Tversky, A. (1979). Prospect theory: An analysis of decision under risk. *Econometrica: Journal of the Econometric Society,* 263–291.

Kam, C., & Meyer, J. P. (2012). Do optimism and pessimism have different relationships with personality dimensions? A reexamination. *Personality and Individual Differences, 52*(2), 123–127.

Kelly, A. J., & Tan, B. (2001). Intravenous oxytocin alone for cervical ripening and induction of labour. *Birth, 28*(4), 280–281.

Kempel, P., Gohlke, B., Klempau, J., Zinsberger, P., Reuter, M., & Hennig, J. (2005). Second-to-fourth digit length, testosterone and spatial ability. *Intelligence, 33*(3), 215–230.

Kern, M. L., Eichstaedt, J. C., Schwartz, H. A., Dziurzynski, L., Ungar, L. H., Stillwell, D. J., Kosinski, M., Ramones, S. M., & Seligman, M. E. P. (2014). The online social self an open vocabulary approach to personality. *Assessment, 21*(2), 158–169.

Kirsch, P., Esslinger, C., Chen, Q., Mier, D., Lis, S., Siddhanti, S., et al. (2005). Oxytocin modulates neural circuitry for social cognition and fear in humans. *The Journal of Neuroscience, 25*(49), 11489–11493.

Komarraju, M., & Karau, S. J. (2005). The relationship between the big five personality traits and academic motivation. *Personality and Individual Differences, 39*(3), 557–567.

Kornhuber, J., Zenses, E.-M., Lenz, B., Stoessel, C., Bouna-Pyrrou, P., Rehbein, F., Kliem, S., & Mößle, T. (2013). Low 2D: 4D values are associated with video game addiction. *Plos One, 8*(11), e79539.

Kosfeld, M., Heinrichs, M., Zak, P. J., Fischbacher, U., & Fehr, E. (2005). Oxytocin increases trust in humans. *Nature, 435*(7042), 673–676.

Kosinski, M., Stillwell, D., & Graepel, T. (2013). Private traits and attributes are predictable from digital records of human behavior. *Proceedings of the National Academy of Sciences, 110*(15), 5802–5805.

Krack, P., Kumar, R., Ardouin, C., Dowsey, P. L., McVicker, J. M., Benabid, A. L., & Pollak, P. (2001). Mirthful laughter induced by subthalamic nucleus stimulation. *Movement Disorders, 16*(5), 867–875.

Kuncel, N. R., Hezlett, S. A., & Ones, D. S. (2004). Academic performance, career potential, creativity, and job performance: Can one construct predict them all? *Journal of Personality and Social Psychology, 86*(1), 148–161.

Kushlev, K., & Dunn, E. W. (2015). Checking email less frequently reduces stress. *Computers in Human Behavior, 43,* 220–228.

Lahey, B. B. (2009). Public health significance of neuroticism. *American Psychologist, 64*(4), 241–256.

Lam, L. T., & Kirby, S. L. (2002). Is emotional intelligence an advantage? An exploration of the impact of emotional and general intelligence on individual performance. *The Journal of Social Psychology, 142*(1), 133–143.

Lambert, K. G. (2003). The life and career of Paul MacLean: A journey toward neurobiological and social harmony. *Physiology & Behavior, 79*(3), 343–349.

Lesch, K. P., Bengel, D., Heils, A., Sabol, S. Z., Greenberg, B. D., Petri, S., et al. (1996). Association of anxiety-related traits with a polymorphism in the serotonin transporter gene regulatory region. *Science, 274*(5292), 1527–1531.

Lesiuk, T. (2005). The effect of music listening on work performance. *Psychology of Music, 33*(2), 173–191.

Lidberg, L., Tuck, J. R., Åsberg, M., Scalia-Tomba, G. P., & Bertilsson, L. (1985). Homicide, suicide and CSF 5-HIAA. *Acta Psychiatrica Scandinavica, 71*(3), 230–236.

Lippa, R. A. (2006). Finger lengths, 2D: 4D ratios, and their relation to gender-related personality traits and the Big Five. *Biological Psychology, 71*(1), 116–121.

Liu, W. Y., Weber, B., Reuter, M., Markett, S., Chu, W. C., & Montag, C. (2013). The Big Five of personality and structural imaging revisited: A VBM-DARTEL study. *Neuroreport, 24*(7), 375–380.

Lutchmaya, S., Baron-Cohen, S., Raggatt, P., Knickmeyer, R., & Manning, J. T. (2004). 2nd to 4th digit ratios, fetal testosterone and estradiol. *Early Human Development, 77*(1), 23–28.

Lykou, E., Rankin, K. P., Chatziantoniou, L., Boulas, C., Papatriantafyllou, O., Tsaousis, I., et al. (2013). Big 5 personality changes in Greek bvFTD, AD, and MCI patients. *Alzheimer Disease and Associated Disorders, 27*(3), 258–264.

Lynn, R., & Martin, T. (1997). Gender differences in extraversion, neuroticism, and psychoticism in 37 nations. *The Journal of Social Psychology, 137*(3), 369–373.

Manning, J. T. (2002). *Digit ratio: A pointer to fertility, behavior, and health*. New Brunswick: Rutgers University Press.

Markett, S., Montag, C., Heeren, B., Saryiska, R., Lachmann, B., Weber, B., & Reuter, M. (Mai 2015). Voxelwise eigenvector centrality mapping of the human functional connectome reveals an influence of the catechol-O-methyltransferase val158met polymorphism on the default mode and somatomotor network. *Brain Structure & Function*. doi:10.1007/s00429-015-1069-9 (im Druck).

Markowetz, A., Błaszkiewicz, K., Montag, C., Switala, C., & Schlaepfer, T. E. (2014). Psycho-informatics: Big data shaping modern psychometrics. *Medical Hypotheses, 82*(4), 405–411.

Matthews, G., & Gilliland, K. (1999). The personality theories of H. J. Eysenck and J. A. Gray: A comparative review. *Personality and Individual Differences, 26*(4), 583–626.

Mazur, A., & Booth, A. (1998). Testosterone and dominance in men. *Behavioral and Brain Sciences, 21*(3), 353–363.

McClelland, D. C. (1975). *Power: The inner experience*. New York: Irvington. (Dt. (1978). *Macht als Motiv. Entwicklungswandel und Ausdrucksformen*. Stuttgart: Klett-Cotta).

McCrae, R. R. (2007). Aesthetic chills as a universal marker of openness to experience. *Motivation and Emotion, 31*(1), 5–11.

McCrae, R. R., & Costa, P. T. (1986). Personality, coping, and coping effectiveness in an adult sample. *Journal of Personality, 54*(2), 385–404.

McCrae, R. R., & John, O. P. (1992). An introduction to the five-factor model and its applications. *Journal of Personality, 60*(2), 175–215.

McCrae, R. R., Costa, P. T., Del Pilar, G. H., Rolland, J. P., & Parker, W. D. (1998). Cross-cultural assessment of the five-factor

model: The revised NEO personality inventory. *Journal of Cross-Cultural Psychology, 29*(1), 171–188.
McEvoy, B. P., & Visscher, P. M. (2009). Genetics of human height. *Economics & Human Biology, 7*(3), 294–306.
Meyer-Lindenberg, A., Buckholtz, J. W., Kolachana, B., Hariri, A. R., Pezawas, L., Blasi, G., et al. (2006). Neural mechanisms of genetic risk for impulsivity and violence in humans. *Proceedings of the National Academy of Sciences, 103*(16), 6269–6274.
Milgram, S. (1963). Behavioral study of obedience. *The Journal of Abnormal and Social Psychology, 67*(4), 371–378.
Miller, S. C., Kennedy, C. C., DeVoe, D. C., Hickey, M., Nelson, T., & Kogan, L. (2009). An examination of changes in oxytocin levels in men and women before and after interaction with a bonded dog. *Anthrozoös, 22*(1), 31–42.
Mischel, W. (2004). Toward an integrative science of the person. *Annual Review of Psychology, 55,* 1–22.
Mischel, W., & Shoda, Y. (1998). Reconciling processing dynamics and personality dispositions. *Annual Review of Psychology, 49,* 229–258.
Mischel, W., Shoda, Y., & Rodriguez, M. I. (1989). Delay of gratification in children. *Science, 244*(4907), 933–938.
Mizuno, K., Tanaka, M., Ishii, A., Tanabe, H. C., Onoe, H., Sadato, N., & Watanabe, Y. (2008). The neural basis of academic achievement motivation. *NeuroImage, 42*(1), 369–378.
Moeller, F. G., Barratt, E. S., Dougherty, D. M., Schmitz, J. M., & Swann, A. C. (2014). Psychiatric aspects of impulsivity. *American Journal of Psychiatry, 158,* 1783–1793.
Montag, C. (2014). The brain derived neurotrophic factor and personality. *Advances in Biology*. Article ID 719723. http://www.hindawi.com/journals/ab/2014/719723/ oder http://dx.doi.org/10.1155/2014/719723. Zugegriffen: 17. Sept. 2015.

Montag, C., & Reuter, M. (2014). Disentangling the molecular genetic basis of personality: From monoamines to neuropeptides. *Neuroscience & Biobehavioral Reviews, 43*, 228–239.

Montag, C., Buckholtz, J. W., Hartmann, P., Merz, M., Burk, C., Hennig, J., & Reuter, M. (2008). COMT genetic variation affects fear processing: Psychophysiological evidence. *Behavioral Neuroscience, 122*(4), 901–909.

Montag, C., Jurkiewicz, M., & Reuter, M. (2010). Low self-directedness is a better predictor for problematic internet use than high neuroticism. *Computers in Human Behavior, 26*(6), 1531–1535.

Montag, C., Reuter, M., & Axmacher, N. (2011). How one's favorite song activates the reward circuitry of the brain: Personality matters!. *Behavioural Brain Research, 225*(2), 511–514.

Montag, C., Jurkiewicz, M., & Reuter, M. (2012). The role of the catechol-O-methyltransferase (COMT) gene in personality and related psychopathological disorders. *CNS & Neurological Disorders-Drug Targets (Formerly: Current Drug Targets-CNS & Neurological Disorders), 11*(3), 236–250.

Montag, C., Reuter, M., Jurkiewicz, M., Markett, S., & Panksepp, J. (2013). Imaging the structure of the human anxious brain: A review of findings from neuroscientific personality psychology. *Reviews in the Neurosciences, 24*(2), 167–190.

Montag, C., Błaszkiewicz, K., Lachmann, B., Andone, I., Sariyska, R., Trendafilov, B., et al. (2014). Correlating personality and actual phone usage. Evidence from psychoinformatics. *Journal of Individual Differences, 35*(3), 158–165.

Montag, C., Błaszkiewicz, K., Sariyska, R., Lachmann, B., Andone, I., Trendafilov, B., .Eibes, M., & Markowetz, A. (2015a). Smartphone usage in the 21st century: Who is active on WhatsApp? *BMC Research Notes, 8*(1), 331. doi:10.1186/s13104-015-1280-z. http://www.biomedcentral.com/1756-0500/8/331. Zugegriffen: 21. Sept. 2015.

Montag, C., Hall, J., Plieger, T., Felten, A., Markett, S., Melchers, M., & Reuter, M. (2015b). The DRD3 Ser9Gly polymorphism, Machiavellianism, and its link to schizotypal personality. *Journal of Neuroscience, Psychology, and Economics, 8*(1), 48–57.

Montag, C., Kannen, C., Lachmann, B., Sariyska, R., Duke, É., Reuter, M., & Markowetz, A. (2015c). The importance of analogue zeitgebers to reduce digital addictive tendencies in the 21st century. *Addictive Behaviors Reports, 2,* 23–27.

Moutafi, J., Furnham, A., & Paltiel, L. (2004). Why is conscientiousness negatively correlated with intelligence? *Personality and Individual Differences, 37*(5), 1013–1022.

Moutafi, J., Furnham, A., & Tsaousis, I. (2006). Is the relationship between intelligence and trait Neuroticism mediated by test anxiety? *Personality and Individual Differences, 40*(3), 587–597.

Nave, G., Camerer, C., & McCullough, M. (2015). Does oxytocin increase trust in humans? A critical review of research. *Perspectives on Psychological Science, 10*(6), 772–789.

Nettle, D. (2005). An evolutionary approach to the extraversion continuum. *Evolution and Human Behavior, 26*(4), 363–373.

Nettle, D. (2006). The evolution of personality variation in humans and other animals. *American Psychologist, 61*(6), 622–631.

Nilsson, K. W., Sjöberg, R. L., Wargelius, H. L., Leppert, J., Lindström, L., & Oreland, L. (2007). The monoamine oxidase A (MAO-A) gene, family function and maltreatment as predictors of destructive behaviour during male adolescent alcohol consumption. *Addiction, 102*(3), 389–398.

O'Boyle, E. H., Humphrey, R. H., Pollack, J. M., Hawver, T. H., & Story, P. A. (2011). The relation between emotional intelligence and job performance: A meta-analysis. *Journal of Organizational Behavior, 32*(5), 788–818.

Odum, A. L. (2011). Delay discounting: Trait variable? *Behavioural Processes, 87*(1), 1–9.

Okuyama, Y., Ishiguro, H., Nankai, M., Shibuya, H., Watanabe, A., & Arinami, T. (2000). Identification of a polymorphism in the promoter region of DRD4 associated with the human novelty seeking personality trait. *Molecular Psychiatry, 5*(1), 64–69.

Panksepp, J. (1998). *Affective neuroscience: The foundations of human and animal emotions.* New York: Oxford University Press.

Panksepp, J. (2007). Can PLAY diminish ADHD and facilitate the construction of the social brain? *Journal of the Canadian Academy of Child and Adolescent Psychiatry, 16*(2), 57–66.

Panksepp, J. (2011). Cross-species affective neuroscience decoding of the primal affective experiences of humans and related animals. *PLoS One, 6*(9), e21236.

Panksepp, J., & Beatty, W. W. (1980). Social deprivation and play in rats. *Behavioral and Neural Biology, 30*(2), 197–206.

Panksepp, J., & Bernatzky, G. (2002). Emotional sounds and the brain: The neuro-affective foundations of musical appreciation. *Behavioural Processes, 60*(2), 133–155.

Panksepp, J., Jalowiec, J., DeEskinazi, F. G., & Bishop, P. (1985). Opiates and play dominance in juvenile rats. *Behavioral Neuroscience, 99*(3), 441–453.

Panksepp, J., Burgdorf, J., Turner, C., & Gordon, N. (2003). Modeling ADHD-type arousal with unilateral frontal cortex damage in rats and beneficial effects of play therapy. *Brain and Cognition, 52*(1), 97–105.

Panksepp, J. (2006). Emotional endophenotypes in evolutionary psychiatry. *Progress in Neuro-Psychopharmacology and Biological Psychiatry, 30*(5), 774–784.

Passamonti, L., Fera, F., Magariello, A., Cerasa, A., Gioia, M. C., Muglia, M., et al. (2006). Monoamine oxidase-a genetic variations influence brain activity associated with inhibitory control: New insight into the neural correlates of impulsivity. *Biological Psychiatry, 59*(4), 334–340.

Pietschnig, J., Penke, L., Wicherts, J. M., & Voracek, M. (2015). Meta-analysis of associations between human brain volume and intelligence differences: How strong are they and what do they mean? *Neuroscience and Biobehavioral Reviews, 57,* 411–432.

Polderman, T. J., Benyamin, B., de Leeuw, C. A., Sullivan, P. F., van Bochoven, A., Visscher, P. M., & Posthuma, D. (2015). Meta-analysis of the heritability of human traits based on fifty years of twin studies. *Nature Genetics, 47,* 702–709.

Pomerleau, A., Bolduc, D., Malcuit, G., & Cossette, L. (1990). Pink or blue: Environmental gender stereotypes in the first two years of life. *Sex Roles, 22*(5–6), 359–367.

Raine, A., & Benishay, D. (1995). The SPQ-B: A brief screening instrument for schizotypal personality disorder. *Journal of Personality Disorders, 9*(4), 346–355.

Ree, M. J., & Earles, J. A. (1992). Intelligence is the best predictor of job performance. *Current Directions in Psychological Science, 1*(3), 86–89.

Reiss, D., Leve, L. D., & Neiderhiser, J. M. (2013). How genes and the social environment moderate each other. *American Journal of Public Health, 103*(Suppl. 1), S111–S121.

Reuter, M., Kuepper, Y., & Hennig, J. (2007). Association between a polymorphism in the promoter region of the TPH2 gene and the personality trait of harm avoidance. *The International Journal of Neuropsychopharmacology, 10*(3), 401–404.

Reuter, M., Weber, B., Fiebach, C. J., Elger, C., & Montag, C. (2009). The biological basis of anger: Associations with the gene coding for DARPP-32 (PPP1R1B) and with amygdala volume. *Behavioural Brain Research, 202*(2), 179–183.

Reynolds, B., & Schiffbauer, R. (2005). Delay of gratification and delay discounting: A unifying feedback model of delay-related impulsive behavior. *The Psychological Record, 55*(3), 439–460.

Riediger, M., Schmiedek, F., Wagner, G. G., & Lindenberger, U. (2009). Seeking pleasure and seeking pain: Differences in prohedonic and contra-hedonic motivation from adolescence to old age. *Psychological Science, 20*(12), 1529–1535.

Roberts, B. W., & Mroczek, D. (2008). Personality trait change in adulthood. *Current Directions in Psychological Science, 17*(1), 31–35.

Roberts, B. W., Smith, J., Jackson, J. J., & Edmonds, G. (2009). Compensatory conscientiousness and health in older couples. *Psychological Science, 20*(5), 553–559.

Roy, A. (1999). CSF 5-HIAA correlates with neuroticism in depressed patients. *Journal of Affective Disorders, 52*(1), 247–249.

Sariyska, R., Reuter, M., Bey, K., Sha, P., Li, M., Chen, Y. F., et al. (2014). Self-esteem, personality and Internet addiction: A crosscultural comparison study. *Personality and Individual Differences, 61–62,* 28–33.

Schaefer, M., Heinze, H. J., & Rotte, M. (2012). Touch and personality: Extraversion predicts somatosensory brain response. *Neuroimage, 62*(1), 432–438.

Schlaepfer, T. E., Bewernick, B. H., Kayser, S., Mädler, B., & Coenen, V. A. (2013). Rapid effects of deep brain stimulation for treatment-resistant major depression. *Biological Psychiatry, 73*(12), 1204–1212.

Schmitt, D. P., Realo, A., Voracek, M., & Allik, J. (2008). Why can't a man be more like a woman? Sex differences in Big Five personality traits across 55 cultures. *Journal of Personality and Social Psychology, 94*(1), 168–182.

Schönbrodt, F. D., & Gerstenberg, F. X. (2012). An IRT analysis of motive questionnaires: The unified motive scales. *Journal of Research in Personality, 46*(6), 725–742.

Schultheiss, O. C., & Brunstein, J. C. (2001). Assessment of implicit motives with a research version of the TAT: Picture profiles, gender differences, and relations to other personality measures. *Journal of Personality Assessment, 77*(1), 71–86.

Schwartz, H. A., Eichstaedt, J. C., Kern, M. L., Dziurzynski, L., Ramones, S. M., Agrawal, M., et al. (2013). Personality, gender, and age in the language of social media: The open-vocabulary approach. *PloS One, 8*(9), e73791.

Shahrestani, S., Kemp, A. H., & Guastella, A. J. (2013). The impact of a single administration of intranasal oxytocin on the recognition of basic emotions in humans: A meta-analysis. *Neuropsychopharmacology, 38*(10), 1929–1936.

Sharpe, J. P., Martin, N. R., & Roth, K. A. (2011). Optimism and the Big Five factors of personality: Beyond neuroticism and extraversion. *Personality and Individual Differences, 51*(8), 946–951.

Shoda, Y., Mischel, W., & Peake, P. K. (1990). Predicting adolescent cognitive and self-regulatory competencies from preschool delay of gratification: Identifying diagnostic conditions. *Developmental psychology, 26*(6), 978–986.

Siever, L. J. (2008). Neurobiology of aggression and violence. *American Journal of Psychiatry, 165*(4), 429–442.

Simpson, D. (2005). Phrenology and the neurosciences: Contributions of F. J. Gall and J. G. Spurzheim. *ANZ Journal of Surgery, 75*(6), 475–482.

Smillie, L. D., Cooper, A. J., Proitsi, P., Powell, J. F., & Pickering, A. D. (2010). Variation in DRD2 dopamine gene predicts extraverted personality. *Neuroscience Letters, 468*(3), 234–237.

Sokolowski, K., Schmalt, H. D., Langens, T. A., & Puca, R. M. (2000). Assessing achievement, affiliation, and power motives all at once: The Multi-Motive Grid (MMG). *Journal of Personality Assessment, 74*(1), 126–145.

Soldz, S., & Vaillant, G. E. (1999). The Big Five personality traits and the life course: A 45-year longitudinal study. *Journal of Research in Personality, 33*(2), 208–232.

Solms, M., & Panksepp, J. (2012). The „Id" knows more than the „Ego" admits: Neuropsychoanalytic and primal consciousness perspectives on the interface between affective and cognitive neuroscience. *Brain sciences, 2*(2), 147–175.

Soloff, M. S., Alexandrova, M., & Fernstrom, M. J. (1979). Oxytocin receptors: Triggers for parturition and lactation? *Science, 204*(4399), 1313–1315.

Spanagel, R., & Weiss, F. (1999). The dopamine hypothesis of reward: Past and current status. *Trends in Neurosciences, 22*(11), 521–527.

Sporns, O., Tononi, G., & Kötter, R. (2005). The human connectome: A structural description of the human brain. *PLoS Computational Biology, 1*(4), e42.

Stanton, S. J., Beehner, J. C., Saini, E. K., Kuhn, C. M., & LaBar, K. S. (2009). Dominance, politics, and physiology: Voters' testosterone changes on the night of the 2008 United States presidential election. *PLoS One, 4*(10), e7543.

Terracciano, A., Costa, P. T., & McCrae, R. R. (2006). Personality plasticity after age 30. *Personality and Social Psychology Bulletin, 32*(8), 999–1009.

Tversky, A., & Kahneman, D. (1981). The framing of decisions and the psychology of choice. *Science, 211*(4481), 453–458.

Venter, J. C., Adams, M. D., Myers, E. W., Li, P. W., Mural, R. J., Sutton, G. G., et al. (2001). The sequence of the human genome. *Science, 291*(5507), 1304–1351.

Verdoux, H., & van Os, J. (2002). Psychotic symptoms in non-clinical populations and the continuum of psychosis. *Schizophrenia Research, 54*(1), 59–65.

Vozoris, N. T., & Tarasuk, V. S. (2003). Household food insufficiency is associated with poorer health. *The Journal of Nutrition, 133*(1), 120–126.

Wacker, J., Mueller, E. M., & Stemmler, G. (2013). Prenatal testosterone and personality: Increasing the specificity of trait assessment to detect consistent associations with digit ratio (2D: 4D). *Journal of Research in Personality, 47*(2), 171–177.

Walum, H., Lichtenstein, P., Neiderhiser, J. M., Reiss, D., Ganiban, J. M., Spotts, E. L., et al. (2012). Variation in the oxytocin receptor gene is associated with pair-bonding and social behavior. *Biological Psychiatry, 71*(5), 419–426.

Watson, A. E., & Pulford, B. D. (2004). Personality differences in high risk sports amateurs and intructors. *Perceptual and Motor Skills, 99*(1), 83–94.

Weiss, A., & Costa, P. T., Jr. (2005). Domain and facet personality predictors of all-cause mortality among Medicare patients aged 65 to 100. *Psychosomatic Medicine, 67*(5), 724–733.

Weisman, O., Zagoory-Sharon, O., Schneiderman, I., Gordon, I., & Feldman, R. (2013). Plasma oxytocin distributions in a large cohort of women and men and their gender-specific associations with anxiety. *Psychoneuroendocrinology, 38*(5), 694–701.

White, J. K., Hendrick, S. S., & Hendrick, C. (2004). Big five personality variables and relationship constructs. *Personality and Individual Differences, 37*(7), 1519–1530.

Williams, D. G. (1990). Effects of psychoticism, extraversion, and neuroticism in current mood: A statistical review of six studies. *Personality and Individual Differences, 11*(6), 615–630.

Yamagata, S., Suzuki, A., Ando, J., Ono, Y., Kijima, N., Yoshimura, K., et al. (2006). Is the genetic structure of human personality universal? A cross-cultural twin study from North America, Europe, and Asia. *Journal of Personality and Social Psychology, 90*(6), 987–998.

Yatawara, C. J., Einfeld, S. L., Hickie, I. B., Davenport, T. A., & Guastella, A. J. (im Druck). *The effect of oxytocin nasal spray on social interaction deficits observed in young children with autism: A randomized clinical crossover trial.* Molecular psychiatry.

Youyou, W., Kosinski, M., & Stillwell, D. (2015). Computer-based personality judgments are more accurate than those made by humans. *Proceedings of the National Academy of Sciences, 112*(4), 1036–1040.

Zhang, L. F., & Huang, J. (2001). Thinking styles and the five-factor model of personality. *European Journal of Personality, 15*(6), 465–476.

Zhong, S., Monakhov, M., Mok, H. P., Tong, T., San Lai, P., Chew, S. H., & Ebstein, R. P. (2012). U-shaped relation between plasma oxytocin levels and behavior in the trust game. *PLoS One, 7*(12), e51095.

Zietsch, B. P., Westberg, L., Santtila, P., & Jern, P. (2014). Genetic analysis of human extrapair mating: Heritability, between-sex correlation, and receptor genes for vasopressin and oxytocin. *Evolution and Human Behavior, 36*(2), 130–136.

Zimbardo, P. G. (1973). On the ethics of intervention in human psychological research: With special reference to the Stanford prison experiment. *Cognition, 2*(2), 243–256.

 springer.com

Willkommen zu den Springer Alerts

Jetzt anmelden!

- Unser Neuerscheinungs-Service für Sie:
  aktuell *** kostenlos *** passgenau *** flexibel

Springer veröffentlicht mehr als 5.500 wissenschaftliche Bücher jährlich in gedruckter Form. Mehr als 2.200 englischsprachige Zeitschriften und mehr als 120.000 eBooks und Referenzwerke sind auf unserer Online Plattform SpringerLink verfügbar. Seit seiner Gründung 1842 arbeitet Springer weltweit mit den hervorragendsten und anerkanntesten Wissenschaftlern zusammen, eine Partnerschaft, die auf Offenheit und gegenseitigem Vertrauen beruht.

Die SpringerAlerts sind der beste Weg, um über Neuentwicklungen im eigenen Fachgebiet auf dem Laufenden zu sein. Sie sind der/die Erste, der/die über neu erschienene Bücher informiert ist oder das Inhaltsverzeichnis des neuesten Zeitschriftenheftes erhält. Unser Service ist kostenlos, schnell und vor allem flexibel. Passen Sie die SpringerAlerts genau an Ihre Interessen und Ihren Bedarf an, um nur diejenigen Information zu erhalten, die Sie wirklich benötigen.

Mehr Infos unter: springer.com/alert

MIX
Papier aus verantwortungsvollen Quellen
Paper from responsible sources
FSC® C105338

If you have any concerns about our products,
you can contact us on
ProductSafety@springernature.com

In case Publisher is established outside the EU,
the EU authorized representative is:
**Springer Nature Customer Service Center GmbH
Europaplatz 3, 69115 Heidelberg, Germany**

Printed by Libri Plureos GmbH
in Hamburg, Germany